U0775207

非常成长书
一口气读完 一辈子受益
女孩版

优雅是这样炼成的

优雅大方

晓玲叮当 编著

SPM 南方传媒 新世纪出版社
·广州·

目录

引　子 / 1

邯郸学步后传 / 2

举止优雅 / 5

最会聊天的人 / 7

口吐芬芳 / 10

米兔小姐的幸福 / 12

坏脾气账本 / 16

被龙劫持的公主 / 18

动人的天使 / 22

灵魂的香气 / 24

迷人的风采 / 27

孤单的巨人 / 29

温暖的食物 / 33

妙妙的紫罗兰胸针 / 35

爱上整理 / 38

长寿的秘密 / 40

运动是生命之源 / 43

心眼桥 / 45

开阔心胸 / 48

听妈妈的话 / 50

妈妈的良苦用心 / 53

爱做白日梦的青叶 / 55

脚踏实地 / 58
西西盖房 / 60
保持主见 / 63
鸭妞童童 / 65
糊涂的少年 / 68
森林选美大赛 / 70
我就是我 / 73
闹哆哆的大仓库 / 75
"猪宝宝"的肚子 / 78
拯救冰淇淋 / 80
玫瑰的"菜单" / 84
会走路的海绵蛋糕 / 86
少吃零食 / 90
天上掉荷包 / 92
切莫贪小失大 / 95

旅行鱼溜溜 / 97
袋鼠的"袋子" / 101
真正的公主 / 103
钻石心 / 106
大嘴巴 / 108
晋升的机会 / 111
锯齿舌头 / 113
相由心生 / 116
乌云棉花糖 / 118
不抱怨的你 / 121
玉里衔绿 / 123
拒绝攀比 / 127
童话城堡里的小山羊 / 129
不会飞的鹦鹉 / 132

附录　做最棒女孩的二十五个法宝 / 134

引 子

每个女孩都想成为公主，
但漂亮又精致的脸庞，
美丽又优雅的身姿，
这不是公主最迷人的地方。
真正的公主，
灵魂会散发出幽幽清香，
口吐雅言，唇露芬芳，
与人为善，乐于助人。
亲爱的女孩，
愿你修炼成这样的公主。

邯郸学步后传

大家都知道"邯郸学步"的故事吧?

故事讲的是,燕国寿陵有个少年,千里迢迢来到赵国邯郸,想要学习邯郸人走路的优美姿态。结果,他不但没有学到邯郸人优雅的步态,反倒连自己原来怎么走路也忘记了,最后只好爬着回去。

这个寿陵少年爬回家之后,怎么也不肯再学走路,他觉得如果不能像邯郸人走路那么优美,还不如不走。他的妹妹为了帮助他重新学会走路,悄悄来到邯郸,想看看邯郸人走路究竟有多优美。

来到邯郸城,她看着熙熙攘攘的人群,果然个个举止优美,令人赏心悦目。她便坐在临街的酒楼里,认真地观察起来。她发现无论妇孺老人,身姿都十分挺拔,动作也很流畅、优美,连给自己上茶水的小二,举手投足间也有一种自然的美感。一打听,原来邯郸人能歌善舞,从小都要学习舞蹈,城里还有不少舞蹈老师开班授课。寿陵妹妹连忙来到最有名气的老师家,一进门,就看到很多小朋友正头顶着盘子练习走路。

舞蹈老师收下了好学的寿陵妹妹。每天，寿陵妹妹都要练习压腿、压肩、顶着盘子走路、靠着墙壁练站姿，等等。半个月过去，寿陵妹妹改掉了弯腰驼背的坏习惯，身姿果然挺拔优美了不少。

有一天，舞蹈老师叫寿陵妹妹去城里另一位教书先生家学习。寿陵妹妹很奇怪，向老师请教为什么。舞蹈老师笑着说："'腹有诗书气自华'，你现在的身姿是挺拔了，但这只是外在的形象，真正的优雅是一种由内而外散发出来的魅力。"

于是，寿陵妹妹便来到城东的教书先生家当起了学生。每天上午听先生讲学，下午练字，晚上读书，寿陵妹妹觉得充实极了，不知不觉就过了一个多月。每天读书写字的寿陵妹妹，气质果然变得文雅了不少。寿陵妹妹高兴极了，跑到教书的老先生

面前，得意地说："老师，我准备回家了，举止优雅也没什么难的，不到两个月我就学会了。"老先生微笑着摇了摇头，看了寿陵妹妹一眼，就继续低头练字了。

寿陵妹妹很奇怪，平时那么和蔼可亲的老师，今天听到自己要回家了，怎么都没什么反应呢？她正愣在那里时，只见一个同学走过来，对老师恭恭敬敬地行了一个大礼。

这位同学非常谦逊地说："老师，谢谢您连日来的教诲。近日家母生病，急需照顾，学生特来告辞。回去之后，学生一定牢记您的教诲，认真读书写字，不敢有半点松懈。"

听着这位同学的话，对比刚才自己的无知莽撞，寿陵妹妹脸红了。她突然明白，优雅的人不仅要形体姿态美，还要有内涵，更要懂得谦逊有礼。

后来，寿陵妹妹带着她学到的本领回家了。家乡的人见到她，都夸她整个人都变了，举止文雅，姿态优美，而她的那位哥哥，在妹妹的帮助下，重新学会了走路。兄妹俩还常被邀请去给孩子们上礼仪课呢！

举止优雅

不良的举止比污垢更容易弄脏最华丽的服饰。

古罗马作家普劳图斯曾说:"不良的举止比污垢更容易弄脏最华丽的服饰。"是呀,举止优雅得体的人,即使穿着朴素,也会吸引人们的目光,让人们不由自主地想要靠近他,与他做朋友。

1943年,宋美龄应邀向美国国会议员们发表演讲。她的美丽端庄、从容优雅,赢得了众位议员热烈而长久的掌声与欢呼声。《纽约时报》报道:"宋美龄的美国之行,提升了当时中国的国际地位。"

同样,周恩来总理那优雅的举止也曾令无数政要发自内心地欣赏和钦佩。1955年,周恩来总理在北京会见联合国秘书长哈马舍尔德。事后,哈马舍尔德说:"与周恩来相比,我们简直就是野蛮人。"周总理那优雅的举止，潇洒而从容的姿态，显示出泰然自若的风度和巨大的魅力。

亲爱的女孩，让我们的举止也优雅起来吧。鸟儿因翅膀而自由翱翔，鲜花因芬芳而美丽，人们因举止优雅而更受欢迎。

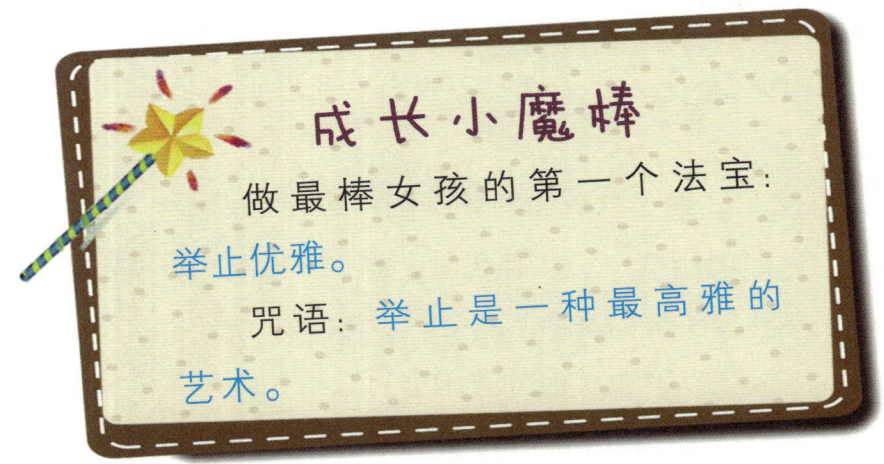

成长小魔棒

做最棒女孩的第一个法宝：举止优雅。

咒语：举止是一种最高雅的艺术。

最会聊天的人

一天,宜城一家著名的家政公司接到了一单奇怪的业务。有一位八十多岁的独居老奶奶打来电话,想要找一个会聊天的人每天陪自己说话。她愿意每小时支付100元人民币,但是有个前提,这个人得让她满意才行。

这项工作听起来很轻松,报酬又高,很多员工都争着要接这份活儿。家政公司对这单业务也很重视,他们精挑细选了三名员工,对她们进行了专门的礼仪培训,让她们在最短时间内,掌握了各种礼貌用语,毕竟之前她们擅长的是打扫卫生,而不是说话。

第一个前往的人热情直爽,是大家公认的"话痨",只要有她在,绝对不用担心会冷场。家政公司的经理心想,老人一个人独居多年,肯定很孤独,很久都没人跟她说话,这个"话痨"阿姨一定能让她满意。"话痨"阿姨出发前,经理还特意嘱咐她,要拿出百分之两百的热情来,要一刻不停地跟老人家说话。

"话痨"阿姨信心满满地前往,没想到当天就被辞退了。

经理赶紧打电话回访,了解原因。没想到老奶奶说:"这个阿姨是很会聊天,天南海北的什么都能聊上半天,但是有点不礼貌,总是打断我说话。"

经理一拍大腿,明白了,老人是很久没跟别人说过话了,想找人来听自己说话。于是赶紧派出第二个"亲切"阿姨,这个阿姨嘴甜,总是笑眯眯的,对人很亲切。"亲切"阿姨出发前,经理嘱咐她:"少说话,多问老人问题,让老人多说话。"

"亲切"阿姨兴高采烈地去了老人的家,没想到,当天也被辞退了。老人告诉经理:"这个阿姨是很亲切,可还是没礼貌,总是追问我的私人生活,让人不舒服。"

经理挂了电话，觉得这老人是在刁难人，心想这样的生意不接也罢，免得毁了自己的声誉。正当他想找个理由回绝老人时，有一个阿姨敲门进来，说她想去试试。这个阿姨憨厚老实，儿子得了重病，急缺钱用，她现在需要这么一份轻松、薪酬又高的工作。经理想了想，决定让她去试试，不行的话正好推掉老人这个"烫手山芋"。

"憨厚"阿姨也高兴地来到老人家，她心想，自己是个粗人，不会说话，所以更要真诚一些，让老人感到舒服快乐。当她看到老奶奶一个人孤零零地生活时，突然想到自己去世已久的母亲，心里不由得一阵难受，赶紧为老人泡了杯热茶，一边给老人按摩，一边跟老人聊天。老奶奶问她什么，她就回答什么；老奶奶喜欢什么，她就跟老奶奶愉快地多说一说；老奶奶说话的时候，她笑着静静地听；当老人累了不想说了时，她就轻轻地为她按摩，安静地陪在老人身边。

就这样，一个下午很快就过去了。老人对这个阿姨特别满意，让她每天来陪自己聊两三个小时。经理知道后很诧异，赶紧打电话回访，老人说："这个阿姨好，很有礼貌，和她聊天很舒服。"

挂了电话的经理摇头笑了笑，心想是自己弄巧成拙了——说话有礼貌不单单是指会用礼貌用语，还要真诚，懂得倾听，所谈的话题也要让人感到舒服才行。

口吐芬芳

敬人者，人恒敬之。

有一次，列宁正在下楼，楼梯很狭窄，只能容一人通过。一个女工端着满满一盆水正好要上楼。女工见是列宁，便急忙要往后退，想给列宁让路。列宁连忙摆摆手，温和又有礼貌地说："你端着东西不方便，请你先过去吧！"紧接着，列宁紧紧贴着墙壁，让女工通过。

"敬人者，人恒敬之。"礼貌是一个人应有的基本修养，

有礼貌的人在和他人说话的时候,都会让人对其产生好感。那么,在和人交往的过程中,怎样才算得上有礼貌呢?一般来说,要注意"四有四避",即有分寸、有礼节、有教养、有学识,避隐私、避浅薄、避粗鄙、避忌讳。

亲爱的女孩,愿你口吐芬芳,用你那优雅有礼的言谈让人如沐春风,你也会因此更受欢迎。

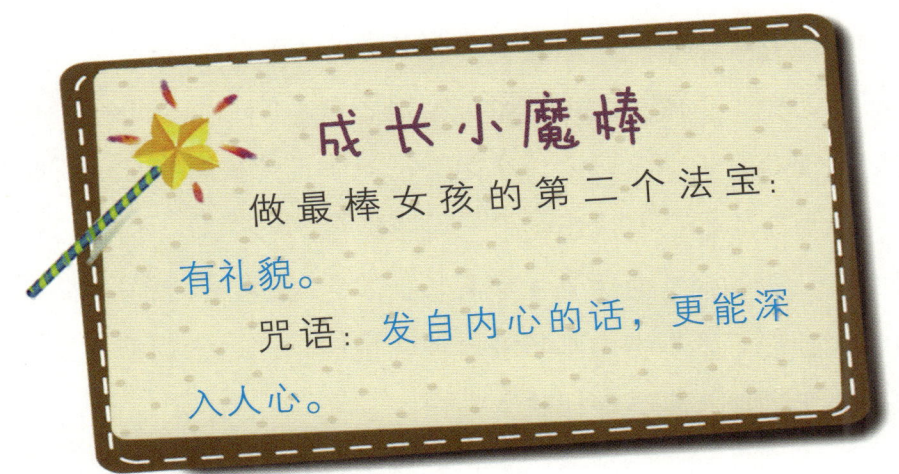

成长小魔棒

做最棒女孩的第二个法宝:有礼貌。

咒语:发自内心的话,更能深入人心。

米兔小姐的幸福

七夕那天，成千上万的喜鹊"叽叽喳喳"地搭了一座鹊桥，牛郎和织女正在天上说着绵绵情话，地上也有一对小恋人在愉快地聊天。

月兔先生跟米兔小姐在大象伯伯的生日宴上一见钟情。第二天，月兔先生就勇敢地向米兔小姐表白了。当他双手捧着芬芳的玫瑰花，悄悄牵起米兔小姐的一只手说"我喜欢你"的时候，米兔小姐的心头飞出了一只五彩斑斓的蝴蝶。

第一次约会，月兔先生穿着长长的燕尾服，打着青草结领带，头顶的毛发梳得整整齐齐。他在桃树下远远张望着，直到米兔小姐的粉红色蓬蓬裙映入眼帘。

这对兔情侣在桃树林中蹦蹦跳跳地散步，阳光落下来，草地上好像铺满了亮闪闪的金子，桃树林也仿佛变成了一条神秘的时光隧道。

月兔先生提议去附近的"森林水吧"喝杯胡萝卜汁，然而一件令人闹心的事情发生了。松鼠侍者端着胡萝卜汁正走过来，却不小心被路边的石头绊倒，胡萝卜汁洒到了米兔小姐的蓬蓬裙上。

前一秒温柔可人的米兔小姐立即被惹恼了!她大声吼道:"你这个笨家伙!我的漂亮裙子就这样被你毁了,真扫兴!"米兔小姐接着说了一大堆难听的话,把月兔先生惊得目瞪口呆,直到他们在路口分开,米兔小姐的心情还没平静下来。

七夕节这天,月兔先生约了米兔小姐去湖边漫步。他们走累了,便躺在草地上,悠闲地看天上的月亮。这时,一只小仓鼠啃了一口篮子里的胡萝卜蛋糕,被米兔小姐发现了。这可了不得!

米兔小姐把眉毛一横,双手一叉腰,怒气冲冲地说:"该死的小仓鼠,简直是个十恶不赦的小偷!"说完,她捡起小石头向仓鼠砸去。

"吱吱吱!"小仓鼠被吓跑了。回来的路上,米兔小姐大发牢骚,约会又在不愉快中结束了。

米兔小姐的脾气好像越来越暴躁了,一丁点芝麻小事都能影响她的心情,森林里的许多小动物害怕米兔小姐的暴脾气,都远远地躲着她。月兔先生也已经有一个星期没有约她出来玩了。

一天傍晚,天刚下过雨,米兔小姐去采蘑菇,她越走越远,最后竟忘记了回家的路。

这时,她看见不远处的松鼠,着急地招呼道:"嗨,小松鼠……"小松鼠一见是她,惊慌失措地逃走了。

接着,小仓鼠、小甲虫,远远看到她也赶忙躲开,米兔小姐急哭了。

米兔小姐正坐在树下哭着,路过这里的狐狸大婶上前关心地问道:"小兔子,你为什么哭呀?"

"狐狸大婶,我迷路了,可是每个小动物都远远地躲着我,谁都不肯帮我!"米兔小姐委屈地说。

"想想看,大家为什么会躲着你呢?"狐狸大婶拿出树叶纸为她擦了擦眼泪,"听说你脾气不太好呢,前几天,小松鼠还说,因为他弄脏了你的裙子,你踢了他一脚,是这样吗?"

米兔小姐突然明白月兔先生不来找她的原因了,她脸红了,低下头说:"都怪我控制不住自己的坏脾气。"

在狐狸大婶送米兔小姐回家的路上,米兔小姐想出了一个好办法,以后每次发脾气都掐掐自己的长耳朵!

你瞧,米兔小姐正哼着小曲儿蹦蹦跳跳地走在林间小道上:

我是一只温柔小兔,
喜欢唱歌和散步。

小松鼠、小仓鼠、小甲虫都在向她招手,她现在可受欢迎了。

坏脾气账本

不要让别人为你的坏脾气买单。

有个被大人宠坏的男孩，叫大宝，他的坏脾气可是传遍了当地的小镇。大宝总是为一点小事而生气，有人走路撞到了他，或有人叫了他的小名，都会被他追着臭骂一顿。他还经常动粗，一言不合就跟别人打架。同学们都不敢跟他一起玩儿，更没有人和他开玩笑。

大宝也觉得苦恼极了，但就是改不掉自己的坏脾气。

终于，大宝爸爸想出了办法！他为大宝做了一本"坏脾气账本"。每天晚上，爸爸都会让大宝把自己今天发的坏脾气记在账本上，并让他反思原因。

爸爸还和大宝一起讨论："大宝呀，开动你的脑瓜想一想，以后再遇上这种事，你该怎么更和气地解决呢?"大宝认真思考后,会把办法记下来。

后来大宝再发脾气时,就会想起"坏脾气账本"上的办法,本来怒气冲冲的脸慢慢地被微笑所代替。久而久之,大宝越来越少发脾气了。

亲爱的女孩,任何时候,我们都不要做坏脾气的奴隶,无论境况多么糟糕,你都应该努力用理性驱赶负面情绪的阴霾。

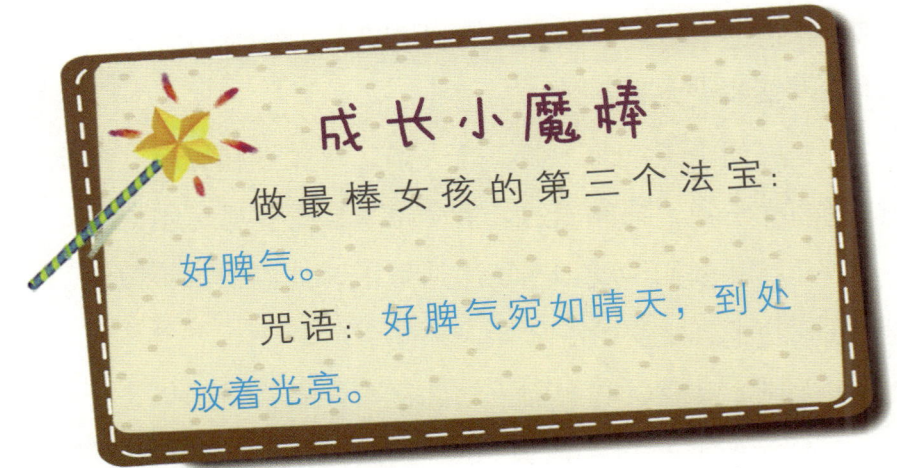

成长小魔棒

做最棒女孩的第三个法宝:好脾气。

咒语:好脾气宛如晴天,到处放着光亮。

被龙劫持的公主

小公主悠悠是一个漂亮的小姑娘,但她却不爱打扮。

悠悠公主的长发乌黑柔顺,她却经常顶着睡醒后的爆炸头在宫廷里乱逛;她的手指纤细白皙,她却经常手抓泥巴到处抹;她的漂亮衣裙堆满了衣橱,她却整天穿着皱巴巴的睡袍到处跑。

悠悠虽然是公主,却比街上的小乞丐还要邋遢,国王和王后都为此伤透了脑筋。最后实在没有办法,国王只好请求一条住在深山里的火龙来帮忙。

火龙来到了王宫前,他口吐火焰,双翼卷起旋风,装出一副凶狠的样子:"把你们的公主交出来!我要抓走她!"

卫兵和骑士们早就和国王串通好了,他们根本不做反抗,直接乖乖地把公主交给了火龙。

火龙满心欢喜,心想国王给的这个任务真是简单,可当他第一眼见到悠悠公主的时候,却吓了一跳!心想:"还有这样的公主?"

火龙很不喜欢邋遢的小姑娘,可为了完成国王的任务,还是把她抓回了山谷。火龙每天在她耳边唠叨:

"你能梳一下你的头发吗？"

"不要！"

"你能洗一下你的小手吗？"

"不要！"

"你能换件漂亮衣服吗？"

"不要！不要！不要！"

"你真不像个公主！"火龙叹气道，"好吧，随你吧，我嘴巴也说干了，你爱怎样就怎样吧。"

悠悠待在火龙的洞穴里，可以不用梳洗，不用打扮，也没有人在她耳边唠叨。她一点压力也没有，非常开心地做起"小乞丐"来。

日子一天天过去。有一天，一个来山里采药的年轻人冒险爬进火龙洞，打算捡几片火龙的鳞片做药引。

悠悠公主见那年轻人清秀儒雅，对他颇有好感，便走出来想攀谈几句。哪想到年轻人一见她，大叫一声"有妖怪"，一溜烟就跑没影了。

悠悠见年轻人吓得落荒而逃，感到非常委屈，她不是妖怪，她是个公主！

她忽然想起火龙说的那句话："你真不像个公主！"赶忙来到湖边瞧了瞧自己的样子，瞧那一脸的尘土，打结的头发，长而肮脏的指甲，看不出什么颜色的睡袍，可不就是个妖怪的样子嘛。

悠悠公主脸红了,她打算改变自己,火龙也来帮她。

火龙把悠悠带到小溪里洗澡,用爪子帮她梳头发,用树叶和鲜花给悠悠做新裙子。悠悠公主打扮好了,瞧,她的长发乌黑柔顺,她的手指纤细白皙,她穿着树叶和鲜花制成的裙子,真像落入凡间的小仙子!

悠悠公主看到自己的样子,完全惊呆了!她高兴地在火龙的手掌上跳起舞来。

从那天开始,悠悠公主每天都把自己收拾得干干净净,她

很想知道年轻人再见到自己会是怎样的情景。

很多天后，采药的年轻人又进入火龙洞，一见到美丽动人的悠悠公主，一下子就被她迷住了。

后来，悠悠公主和年轻人相爱了，国王和王后知道后，为他们举行了盛大的婚礼。从此，两个人幸福地生活在一起。

那年轻人一直有个疑惑，第一次进火龙洞见到的那个脏兮兮的小妖怪去哪儿了？悠悠公主没有告诉他那个小妖怪就是自己。嘘！这是公主和火龙之间的一个小秘密！

动人的天使

注意自己的形象,让自己变得美丽优雅。

奥黛丽·赫本被评为"史上最美丽的女人",她的一举一动都很优雅。

第二次世界大战期间,世界各地的人民都饱受着战争带来的折磨,赫本也不例外。赫本每天都吃不饱,不得不吃郁金香球茎充饥,可是为了塑造形体,她还是会努力地练习芭蕾舞。

就这样日复一日,赫本的练习从不间断。"二战"结束后,她接到了《罗马假日》剧组的邀请。长期跳芭蕾培养的气质,再加上赫本优雅的举止,让全世界为之惊艳。凭借这部电影,赫本获得了人生第一个奥斯卡金像奖最佳女主角奖。

形象决定了别人对你的第一印象。给人留下良好的第一印象,你才有可能顺利地与别人交往。如果第一印象不好,要想改变,需要花很大的功夫。

有句话说得好,"没有丑女孩,只有懒女孩",只要肯花心思,每个女孩都是动人的天使。一张干净清爽的面孔,一副挺拔健康的身姿,一套得体大方的服装……这些其实不难做到,花些心思,我们每个人都能找到美,拥有美。

注重形象,是一个女孩毕生的功课。

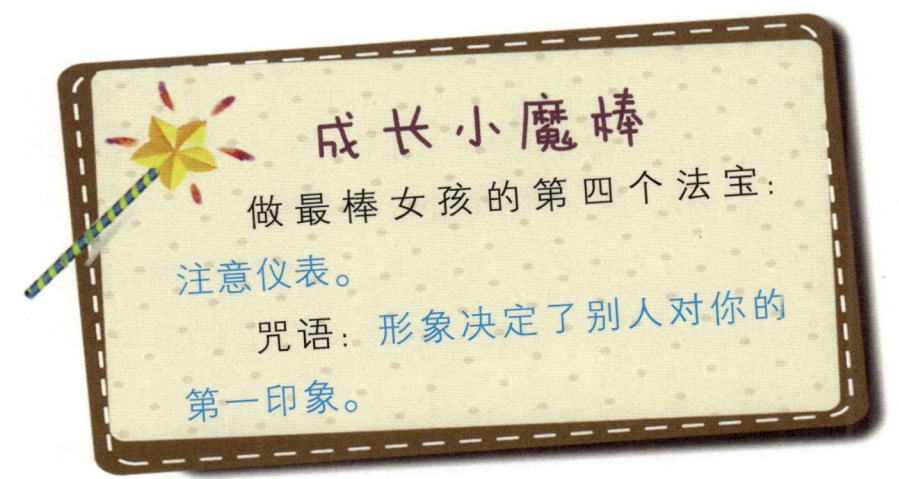

成长小魔棒

做最棒女孩的第四个法宝:注意仪表。

咒语:形象决定了别人对你的第一印象。

灵魂的香气

百花国有一位美丽的公主,她一出生就散发着玉兰幽香,人们都称她为玉兰公主。玉兰公主心灵手巧,热爱生活,她把皇宫打点得美丽极了。

万羽国的鹰王子十分爱慕玉兰公主,求婚成功后,便与公主约定第二年秋天来迎亲。

不幸的是,一个丑陋的女巫对鹰王子一见钟情,她交换了自己和玉兰公主的容貌,并把公主变成了哑巴,还把公主锁在湖边一个偏僻的小屋,不准她迈出房间一步。

不过,要是王子认出真正的公主,女巫的巫术就会消失。

女巫身上没有香气,怕被人识破,她调制出玉兰花味道的香水,不时往自己身上喷洒。

被关进小屋的公主非常痛苦。小屋里阴暗潮湿,布满蜘蛛网,她简直不敢相信,世上竟有这么肮脏的地方!公主哭了很久,平静下来后,她对自己说:"王子一定会来救我的!不管环境多么恶劣,我都要好好生活。"

公主把地面打扫干净,把被褥拆下来认真洗涮,还不忘擦洗唯一的一扇小窗。打扫干净的小屋明亮了不少，空气也变清新了。

为了打发漫长的时光，玉兰公主开始用木炭在墙上作画。她画得那么专注，好像手里拿着的不是木炭，而是一支上好的画笔；她的神情那么享受，似乎不是在粗糙的墙上，而是在珍贵的画布上作画一般。

公主惊喜地发现，墙角长出了几棵小草。"真神奇呀！也许风还会吹来花的种子，这个小角落可以变成我的小花园。"公主每天给这个小角落洒水，在心里跟小草们唱歌、说话，这几棵小草越长越茂盛，草丛中真的开出了几朵小花！

就这样，原本肮脏阴暗的小屋，在玉兰公主的精心打点下，竟然变得整洁美丽起来。

一年后的秋天，鹰王子兴高采烈地来迎亲了。与假公主见面之后，王子越来越疑惑，玉兰公主似乎变了一个人，她举止粗鲁，邋里邋遢，浑身散发着令人不舒服的气息，身上的味道闻起来也很刺鼻。

怅然若失的鹰王子独自外出散步，忽然，从远处飘来一股熟悉的玉兰幽香。王子循着那抹香味一路过去，发现了湖边的小屋。让他惊讶的是，小屋里竟然关着一位女子，这位女子面貌十分丑陋，但她的眼神却那么明亮。

鹰王子用剑劈开小屋门上的锁。他环顾四周，这间小屋虽然简陋无比，但十分整洁，四面墙上画着好看的壁画，角落里还长着一小簇蓬勃的花草。

闻着满室的玉兰幽香，鹰王子突然明白了。他走上前去，牵起公主的手，温柔地说："我想，你才是我的玉兰公主。"

女巫的巫术被解除了！仿佛一道光从天而降，面前的女子摇身一变，变回了真正的玉兰公主。

"你是因为我身上的香气认出我的吗？"玉兰公主微笑着问王子。

"不全是，"王子深情地回答道，"更因为你灵魂的香气。"

迷人的风采

  一个真正的贵族不在于他生来就是一个贵族，而在于他直到去世仍保持着贵族的风采和尊严。

——［法］福楼拜

  同样的食材，经有些人巧手的摆弄，便呈现出别样的味道；同样的日子，有些人过得索然无味，而有些人能过得有滋有味……这相同中的不同，就在于有的人心中多了一份对精致生活的追求。

  一个热爱生活的女孩，即使再恶劣的环境，也浇灭不了她对美好生活的向往，对精致生活的追求。她的内心充满了诗

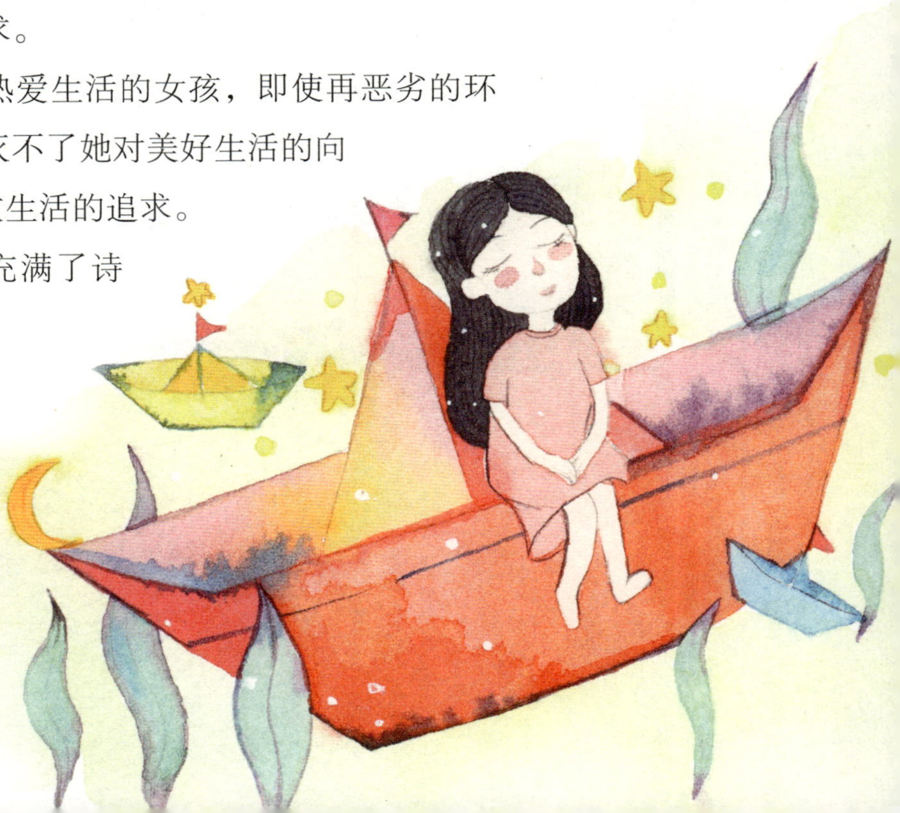

意，阳光雨露、花草树木……世间的万事万物都能激起她无尽的灵感。她还非常注重细节，在细节中提升人生的品质和内涵。由此，她拥有了丰富、有趣、美好、诗意的人生。

精致的人，灵魂会散发出香气。

法国著名作家福楼拜曾说："一个真正的贵族不在于他生来就是一个贵族，而在于他直到去世仍保持着贵族的风采和尊严。"

亲爱的女孩，愿你精致地生活，也拥有这样迷人的风采。

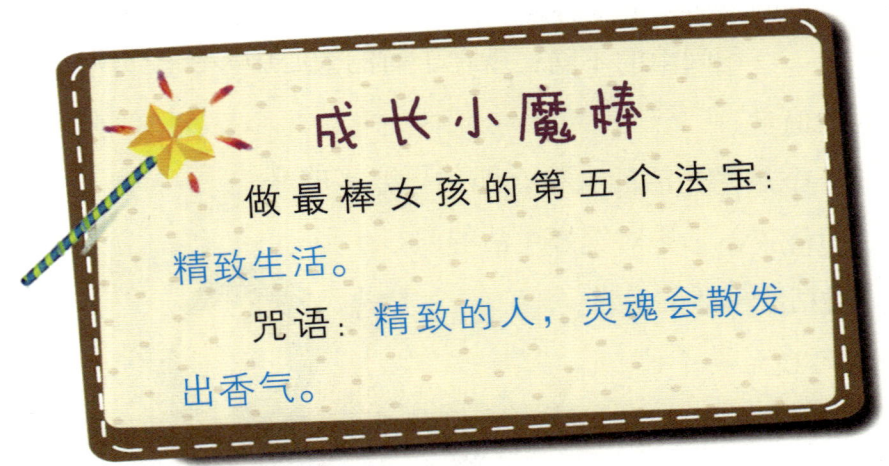

成长小魔棒

做最棒女孩的第五个法宝：精致生活。

咒语：精致的人，灵魂会散发出香气。

孤单的巨人

在一座被人遗忘的森林里,住着一个孤单的巨人。他每天对着数不清的树说话,和山谷里回荡的风聊天。

树啊,"沙沙",不说话;风啊,"飒飒",不回答。

一天,一个叫婵的姑娘在森林里迷路了。

山毛榉的叶子遮住了天空,阳光被茂密的叶子挤成细细的线,从叶隙间艰难地照进来。

这里好暗啊!婵害怕了,她往回走,却找不到来时的路。

这时,一个低沉的声音从上方传来:"丫头,你在我的地盘干什么?"

婵吓了一跳,她转过头,看到了一棵树,哦,不——那是个巨人,他有一棵树那么高!

"我……我迷……迷路了。"婵结巴了。

巨人哼了一声,头也不回地向前走去。婵悄悄跟在巨人后面,心想:"跟着他说不定能走出去。"

天黑了,巨人回到自己的木屋。他知道婵跟在自己后面。

"进来吧,要不是怕你在森林里搞破坏,我才不会那么好心。"巨人说道。

婵走进了巨人的木屋。木屋很高很宽敞，里面的东西体积也很大，婵只有餐桌上的一个玻璃瓶那么高。巨人把星星挂在天花板上，整个房间都亮了。

巨人端出一盘绿色的黏糊糊的东西放到婵面前，婵尝了一口，皱起了眉头——这么难吃的东西，他每天都吃吗？

第二天清晨，巨人被一阵香味"叫"醒了。他循着味道来到餐桌前。餐桌上摆满了食物，有烤得金黄的面包、红红绿绿的果子、热气腾腾的浓汤……

这些食物闻起来太香了！巨人忍不住吃了起来。

对他来说，这些食物的分量太小了，不一会儿，他就把所有食物都消灭了。

"味道怎么样？"婵站在巨人身后，看到巨人吃得那么香，她开心极了。

"一般。"巨人嘴硬，但心里早已给婵打了满分。婵的食物让他想起了妈妈的味道。小时候，他和妈妈幸福地生活在一起，妈妈能做出世界上最好吃的东西，那时候，他一点也不孤单。后来，妈妈生病去世了，再也没有人做东西给他吃了……

想到这里，巨人的眼眶里溢满了泪水。"妈妈啊……"他喃喃念道。

"你一定是想妈妈了，唉，可怜的巨人。"婵爬上餐桌，用小手使劲握了一下巨人的大手。

这突然的亲昵动作让巨人惊了一下,他抹抹眼泪,说道:"我才不是伤心咧!都怪你做的汤,太辣了!"

"好好好,下次我做甜甜的汤。"婵笑道。

晨光照到巨人身上,他的周身带着一层淡淡的光晕。婵透过巨人那高大的身影,仿佛看到了一个孤单的小男孩。

就这样,婵每天都给巨人做好吃的饭菜。婵做的饭菜分量太小,巨人吃不饱,于是也跟婵学着做饭。

巨人感觉很幸福,脸上的笑容渐渐多了,语气也变得温

柔了。

　　他们一起去森林里采新鲜的蘑菇，去挑清冽的泉水，去摘香甜的果子。

　　终于有一天，婵要回到森林外的世界了。巨人虽然舍不得她离开，但婵也会想她的妈妈啊。

　　现在，巨人学会了自己做好吃的食物，他看着那些美味，心里感到暖暖的，就像看到了婵甜甜的笑。

温暖的食物

做饭是一件有趣的事，为别人做饭是一件温暖的事。

在东京新宿一条小巷里，有家只在深夜十二点开始营业的餐馆，人们都叫它"深夜食堂"。

深夜食堂的菜单上只有一种套餐，但是如果你要吃点别的，可以和老板说，只要是他能做的菜，他都会做给你吃。

忙碌了一天的客人们，喜欢在深夜食堂里点一份自己喜欢的菜，小酌几杯。

东京是一个繁忙的都市，人们的工作压力很大。深夜食堂这个去处，给那些忙碌的都市人提供了一个"心灵充电站"。

每一道菜背后都有一个温情的故事，客人分享自己的故事，本是萍水相逢的人们，却因为同在深夜食堂吃饭而结缘。

这是日本一部温情的影视剧——《深夜食堂》中的情节。食物是有温度的，它能传递情感，治愈心灵的伤痛。

闲下来的时候，我也喜欢自己动手做饭。鲜红的番茄，翠绿的青菜，金黄的土豆……它们迫不及待地跑到我的炒锅里，变成一盘盘香味扑鼻的菜。

我经常发明各式各样的新菜，请朋友们来品尝。他们吃了我做的饭菜，一天的疲惫也随之消失了。

　　亲爱的女孩，做饭是一件有趣的事，为别人做饭是一件温暖的事。你会做好吃的吗？不会的话，赶紧学起来哦。

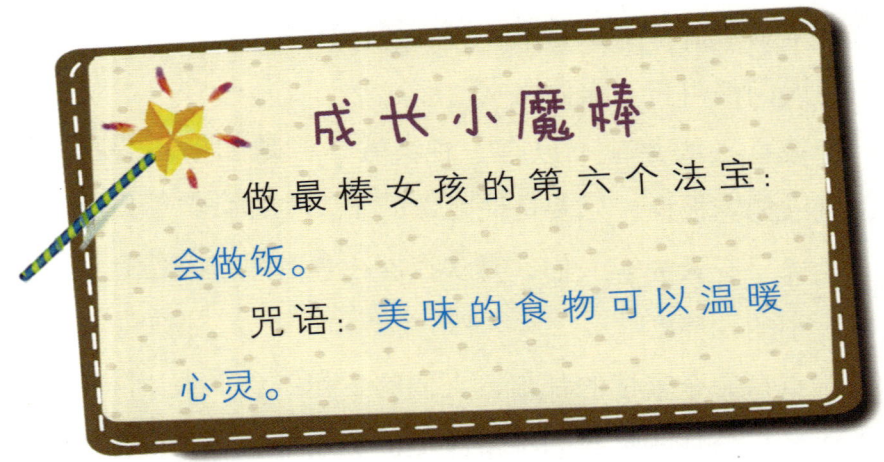

成长小魔棒

做最棒女孩的第六个法宝：会做饭。

咒语：美味的食物可以温暖心灵。

妙妙的紫罗兰胸针

在大海的深处，有一座金碧辉煌的城堡，那是美人鱼皇族的宫殿。

美人鱼族有个传统——凡是年满八岁的美人鱼，都会被邀请到人鱼王后的宫殿举行成人礼。王后会赐予每条美人鱼不同花型的人鱼胸针，有郁金香胸针、茉莉花胸针……只有佩戴胸针的美人鱼才有资格参加美人鱼族的皇宫宴会。

美人鱼妙妙在她的成人典礼上获得了一枚紫罗兰胸针。妙妙是皇宫守卫哈马将军的小女儿，她天真活泼，美丽可爱，可是她却有个不爱收拾的坏习惯。

你要是去她的房间瞧瞧，准会被里面的东西吓一跳！床沿上堆着皱巴巴的海藻被子，衣橱里堆着杂乱的衣服，地上散落着各种玩具……再看看妙妙的贝壳梳妆台，珊瑚发卡被粘在了吹风机上，蟹壳梳被扔在了画笔盒里……

要是妈妈说："妙妙，你的东西太乱了，去收拾一下吧！"妙妙才不会理呢。

妙妙的姐姐可不一样，姐姐是个爱整洁的孩子。姐姐经常帮妙妙收拾房间,只不过姐姐刚整理好,一会儿,房间又会变回乱糟糟的样子。

　　有一回,妙妙把姐姐惹生气了。妙妙去参加朋友的婚礼,找不到自己的硅藻红尾裙,于是她偷偷溜进了姐姐的房间,把姐姐的衣橱翻得乱七八糟,找到了一件称心的粉红鱼泡泡长裙

才心满意足地去赴宴。姐姐回来看到自己的衣橱一片狼藉,下决心再也不帮妙妙整理房间了!

这天,人鱼王后要举行生日宴会,这是美人鱼族最盛大的宴会。王后邀请了所有佩戴人鱼胸针的美人鱼参加,这可把妙妙高兴坏了。

她穿上紫罗兰色的晚礼服,戴上紫水晶花冠,等到要别胸针时,却发现胸针不见了。

妙妙急得像热锅上的蚂蚁,她翻遍了衣服口袋,拉开了每个抽屉,找遍了床底下、贝壳梳妆台、岩石书桌……可是哪里都找不到胸针。妙妙急得坐在地上哭了起来。

姐姐看到妙妙的窘态,不忍心地说:"别哭了,如果想要找到人鱼胸针,你得先把房间收拾整齐才行!"

妙妙只好闷头铺好床,把衣服一件一件地叠整齐,又把地上的玩具收起来……她终于在墙角的铅笔罐里找到了那枚人鱼胸针!

妙妙把紫罗兰胸针别在晚礼服上,如愿参加了人鱼王后的宴会。从那天之后,妙妙的房间也跟姐姐的房间一样整洁,她可再也不想找不到东西了!

爱上整理

爱收拾整理，也是一种美德。

小女孩萌萌有很多芭比娃娃，她很喜欢跟它们玩过家家的游戏。每次，小女孩玩过后，都把芭比娃娃扔一地。

这天晚上，小女孩关灯躺在床上，却一直睡不着。黑夜里，她听到芭比娃娃们居然说话了！

黑发娃娃说："小主人每次和我们玩过之后，就把我们乱七八糟地扔在地上，从来不收拾。"

金发娃娃说："是啊，我想离家出走，找一个珍爱我的小主人。"大家你一言我一语，打算明天晚上一起逃走。

小女孩听到娃娃们的控诉，决心改变自己。第二天一大早，小女孩就爬起来整理娃娃，把它们整齐地放在了玩具柜里。娃娃们看到小主人懂得收拾了，都很高兴，它们更爱自己的小主人了。

亲爱的女孩，你知道吗？爱收拾整理，也是一种美德。

懂得收拾和整理物品，不仅是爱惜东西的一种表现，也能让我们的生活变得更加井井有条。毕竟，谁也不希望生活在一个乱糟糟的房间里，更不喜欢天天找东西，对吧？生活在一个干净整洁的环境中，我们的心情会更愉快。

整理房间就是整理人生，你的房间就是自己人生的一面镜子。

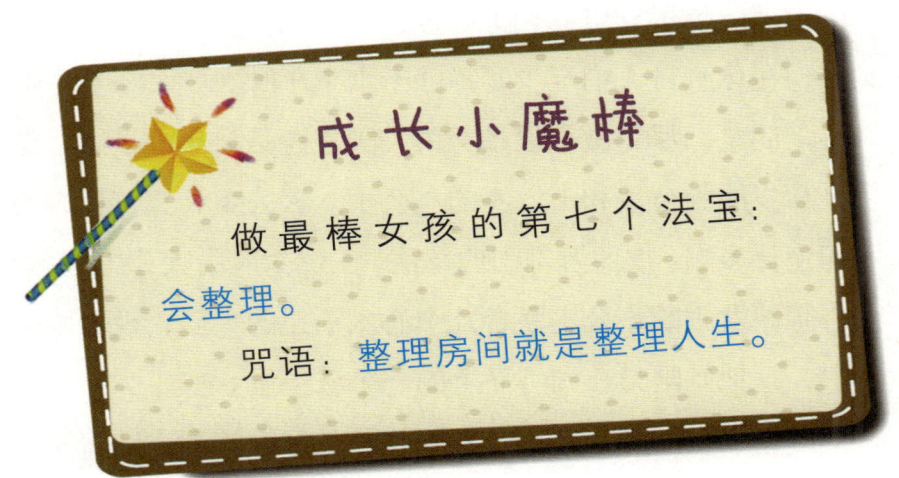

成长小魔棒

做最棒女孩的第七个法宝：

会整理。

咒语：整理房间就是整理人生。

长寿的秘密

听到万寿国这个名字,你一定和我一样,觉得这个国家的人大概都十分长寿吧?然而,恰恰相反,万寿国的国民寿命都不长。

长寿是每一个万寿国人的愿望,他们坚信"好好休息寿命长"的道理。为了让臣民们更好地休息,国王下令一周有三天休息日,在休息日人们至少要静卧十六个小时。

不幸的是,尽管做了很多努力,国王还是早早去世了,留下了十八岁的大公主和十六岁的小公主。大公主天真善良,小公主却诡计多端。按照万寿国的律法,王位本应由大公主继承,但一心想做女王的小公主联合几个心术不正的大臣,设计陷害大公主,并把她幽禁在湖心岛上的一个城堡里。

如愿当上女王的小公主一心想找到长寿的秘密。她召集了数百名巫师,给他们每人建了一座炼丹楼,让巫师们为自己炼制延年益寿的仙丹灵药。她又从全国挑选了数万名最强壮的武士,组成四支陆队,从东西南北四个方向出发,去寻找灵芝仙草。她还下令修建数百艘无比坚固的大船,组成舰队去海外寻找长寿秘方。

小公主把"好好休息寿命长"发挥到了极致。只要能躺着，她绝对不坐着；只要能坐着，她绝对不站着。除了在祭天拜祖的日子，她会下地走几步路以外，其他时候，她几乎都脚不沾地。

此外，她每天还要吃很多秘制的长寿仙丹和各种名贵补品。可以说，这位万寿国的新女王为了长寿，真是无所不用其极。所有人也都相信，她会是万寿国历史上最长寿的国君。

在新女王做着长寿美梦的时候，她那可怜的姐姐却在城堡里度日如年。心狠手辣的女王下令不许把大公主的饭菜送

上岛，让大公主自己划着小船到岸边去取。

两年过去了，大公主安然无恙，女王干脆把船收回，让大公主游上岸取饭。要知道，湖心岛到岸边的距离有五六百米呀，一天三餐饭，大公主每天就要游三四千米，这样的运动量对于万寿国的人来说，简直无法想象，他们可是跑一百米就要在床上躺一周的。

几年后的一天深夜，万寿国的王宫里突然传出了丧钟声。第二天，人们才知道是女王去世了。原来，这几年女王越来越胖，半年前她开始全身疼痛，吃了很多药都没有用，医生们也找不出病因，就这样，女王被活活地疼死了。

女王没有后代，大臣们想起她的姐姐还被幽禁在湖心岛，于是赶紧前往迎接大公主继承王位。他们赶到湖边时，正好看到大公主飞身跃进湖里，矫健地游向岸边取早饭。

上岸后的大公主微微喘着气，还不知道发生了什么。大臣们盯着大公主，简直不敢相信自己的眼睛，只见她眼睛炯炯有神，个子高挑，身材匀称又结实。这还是当初那个瘦弱的大公主吗？

大公主继任女王后，下令取消休息日躺满十六个小时的规定，改为全民每天运动一小时。大公主永远忘不了每次游泳后，那全身心的畅快。她很庆幸，自己无意中发现了长寿的秘密。

运动是生命之源

如果你想强壮,跑步吧!如果你想健美,跑步吧!如果你想聪明,跑步吧!

"南京老人坚持运动40多年,94岁轻松连做25个俯卧撑。"

"86岁西宁老人坚持跑步30余年,称运动让其返老还童。"

"广州老人坚持锻炼20年,90岁高龄肌肉依然壮硕。"

……

这样的新闻,我们常常会在报纸上看到。两千多年前,古希腊人在埃拉多斯山岩上刻下了这样的名言:"如果你想强壮,跑步吧!

如果你想健美，跑步吧！如果你想聪明，跑步吧！"

聪明的人类很早就发现运动是生命的源泉，运动不仅能带来快乐、健康和幸福，还能帮助人们从苦恼中解脱出来。

科学家已经发现，当我们运动的时候，大脑就会产生"内啡肽"，这种被称为"快乐激素"的物质，能让我们感到愉悦和满足。

亲爱的女孩，你希望变得美丽健康、自信快乐吗？去运动吧！

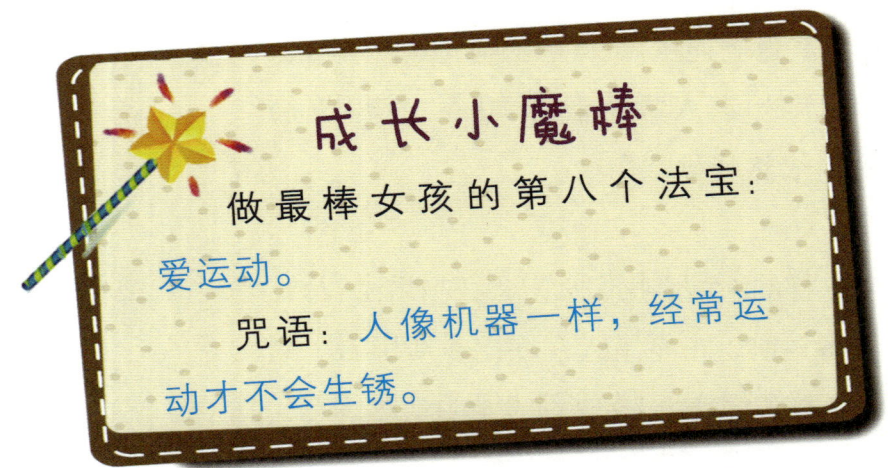

成长小魔棒

做最棒女孩的第八个法宝：爱运动。

咒语：人像机器一样，经常运动才不会生锈。

心眼桥

一条大河把"心灵草原"和"大眼睛森林"分隔开,它被称为"心眼河"。心眼河宽好几百米,河水波涛汹涌,除非长了翅膀,否则其他动物都不能越过这条大河,两岸的动物只能分隔两地,不能一起玩耍。

有一天,仙子们施展法力,费了好大的力气在河上建起了一座"心眼桥"。从此,动物们可以通过心眼桥到达对岸,草原的动物们和森林的动物们终于可以一起愉快地玩耍了。

不知道从哪天开始,心眼桥变成了"小心眼"。

森林里的大象成群结队地踏上心眼桥,他们要去找草原上的长颈鹿玩。大象们欢欢喜喜地并排走,他们的步伐整齐划一,活像接受阅兵的士兵。

心眼桥却不怎么高兴,他快被大象们的踏步声烦死啦!

"心眼小!心眼小!大象来了过不了!"

心眼桥在心里不停地默念这句话,原来宽广的大桥一下子变窄啦!桥面越变越窄,最后窄到连一头大象都站不住脚了。原来十头大象可以大摇大摆并排走的桥面,现在只能让他们站住两只脚。实在没办法,大象们有的做倒立,有的像猴子似的半蹲着,这才一步一挪地退回到森林里。

"小心眼!"看着窄窄的心眼桥,大象们叹着气离开了。

心眼桥才不在乎呢,现在没了大象踩在他身上,他每天都过得轻松安逸。

有一天,蚂蚁来过桥了。他们成群结队地从森林这头过来,准备搬家到对面草原那边。每只蚂蚁头上都顶着东西,他们的力气真大啊!

突然,一块面包碎屑掉了一点粉末到桥上,心眼桥顿时火冒三丈:"你们这些蚂蚁小不点!居然弄脏了我的身体,看我念咒语,让你们掉下桥去!"

说着,心眼桥开始念咒语:"心眼小!心眼小!蚂蚁来了桥下掉!"

桥面又开始变窄,本来还能正常通行的桥面就像缩水的海绵一样,急速变窄。不一会儿,桥面变得只有一根木杆子那么细。蚂蚁却不怕,他们的个头实在太小啦,就算桥面变成一条线,他们也能轻松通过。

这次心眼桥可算是遇上对手了,他气得要命,干脆让桥断成了两截!原来宽广的大桥一瞬间崩塌,再也没有动物能从这座桥抵达对岸了。

从此以后,心眼河上只剩下一座断桥,还有一个"小心眼"的故事流传至今。

开阔心胸

心眼越小,眼界越小;心眼越大,世界越大。

瑞瑞长得可漂亮了,她的眼睛美丽动人,让人看了就喜欢。可是,瑞瑞虽然有迷人的外表,但她的心眼却十分小。

路过的小女孩碰到了她的衣袖,她就会斥责小女孩弄脏了她的衣服;走路硌了脚,铺路工人就会被她好一顿抱怨;就连阳光刺眼,她都要唠叨半天,恨不得把太阳扯下来。

这是一个多么小心眼的人啊!

慢慢地,没有人再愿意与瑞瑞打交道。由于总是扭曲着五官抱怨这抱怨那,抱怨周围所有的一切,瑞瑞变得越来越丑,眉眼间透出一股刻薄之气。瑞瑞很难过,曾经漂亮的大眼睛也没人欣赏了,只有止不住的泪水从眼睛里面流出来。

心眼越小,眼界越小;心眼越大,世界越大。

亲爱的女孩,心眼小是一件很不好的事,它让嫉妒、自私和骄纵在你的内心里无限放大,最后,你的心里只能装得进你自己,试问,有谁会喜欢这样的人呢?

小心眼会让你失去整个世界!

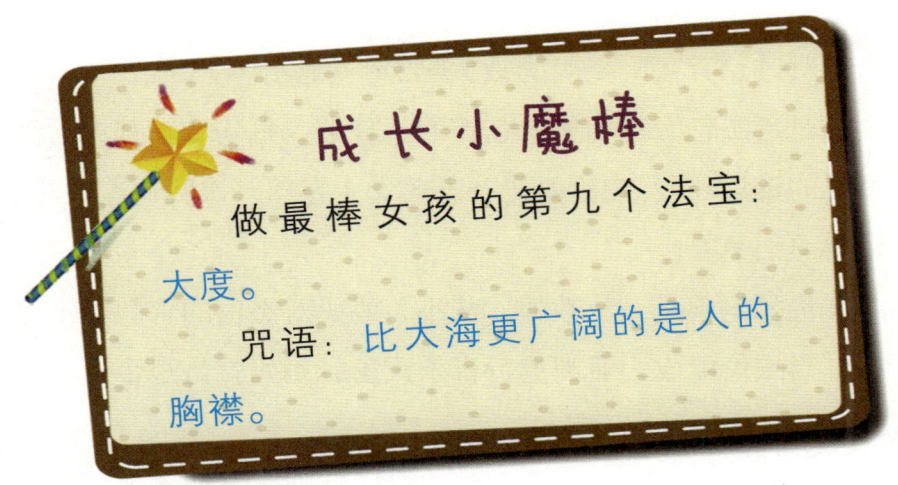

成长小魔棒

做最棒女孩的第九个法宝:大度。

咒语:比大海更广阔的是人的胸襟。

听妈妈的话

听妈妈的话，别让她受伤；
想快快长大，才能保护她；
美丽的白发，幸福中发芽；
天使的魔法，温暖中慈祥。

你听过这首《听妈妈的话》吗？

这是周杰伦专门为妈妈创作的一首歌，每句歌词都饱含着对妈妈的感恩和爱。杰伦妈妈叶惠美女士在第一次听这首歌时，感动得热泪盈眶。

杰伦妈妈曾是一位教师。从小，妈妈对杰伦的管教就十分严格。周杰伦能成为亚洲流行音乐天王，妈妈就是那个"成功者背后的女人"。

4岁读幼儿园的周杰伦，第一次接触钢琴时就表现出了惊人的天赋。小杰伦平时像只小猴子一样顽皮好动，可一坐在钢琴前，他竟然变得十分"文静"。更让人惊奇的是，小杰伦仅仅听老师弹奏了一遍，他就能复弹出来。

音乐老师惊喜地夸赞:"这孩子很有天分!"

妈妈听了老师的话,心里开心又纠结。

那时候,周杰伦家的经济状况并不宽裕。妈妈咬咬牙,狠下心将全部积蓄拿出来,为年幼的周杰伦购买了一台钢琴,还请了一位资深的钢琴老师给小杰伦上课。

小杰伦那时并不理解妈妈的苦心。他觉得妈妈和钢琴老师都"很坏",因为她们每天都会逼着他练琴。别的小朋友在玩耍时,他却要面对枯燥的乐谱,一遍又一遍地练习。

长大后,周杰伦开始理解妈妈。他深深地明白,妈妈的话虽然严厉,但每个字都包含着爱与期望。他终于懂得了"听妈妈的话,别让她受伤"。

周杰伦成名前的日子,充满了艰辛和挫折,幸好有妈妈的支持,才让他挺过一个又一个难关。

杰伦妈妈不忍心儿子的音乐才华被埋没,性格内向的她经过多方打听,终于联系到了吴宗宪。吴宗宪很欣赏周杰伦的音乐才华,就让周杰伦到自己的公司来上班。

周杰伦知道妈妈为自己付出了很多,为了对得起妈妈的付出,他便比别人加倍努力。

他常常把自己锁在工作室里创作歌曲,吃、睡都在公司。妈妈每隔三四天就会到公司,照顾儿子的生活起居。有时候想儿子了,又不愿打扰儿子创作,她来了便默默地站在工作室外,透过玻璃窗,慈爱地注视着周杰伦。

杰伦妈妈知道儿子沉默寡言，不善与人打交道，便帮他打理好同事关系。她常常准备一些美食请杰伦的同事们吃，让他们在工作上多包涵杰伦。这样一来，杰伦的同事们都和叶惠美熟悉了，他们都夸杰伦有一个好妈妈。

终于，周杰伦经过自己的努力，获得了出专辑的机会，第一张专辑《Jay》横空出世，惊艳了整个华语乐坛。

妈妈对自己的爱，周杰伦都看在眼里、记在心里。他是个不善言辞的人，虽然嘴上不说，但是他用实际行动回馈着妈妈的爱。

2003年，周杰伦成名之后，创作出了一张专辑，名字正是妈妈的名字——叶惠美，这是他给妈妈送上的最好的礼物。

虽然公司为他在台北买了一套单身公寓，但是周杰伦担心妈妈会孤单，仍然跟妈妈住在家里。平时过节，他都会陪在妈妈身边。不管去哪里开演唱会，他都会带着妈妈。

他对妈妈的爱，不只是写在歌词里的孝顺和感恩，更是实实在在的陪伴。他会永远听妈妈的话，听妈妈那些温暖的叮咛。他曾说要永远保护着妈妈，让妈妈成为幸福快乐的"大公主"。

妈妈的良苦用心

当你走得足够远,再回望那些指路牌时,你才能明白母亲的良苦用心。

成长是一条蜿蜒曲折的长路,而妈妈的话则像是岔道口的指路牌。面对前行路上的分岔,有时我们会顺着指路牌的方向大胆地往前走;有时则会忽视指路牌,头也不回地按自己心里的方向走。

小时候,我们总认为听妈妈的话是一种幼稚的行为,太听妈妈的话还会被嘲笑。听话好像就意味着软弱没有主见,以为

长大的标志就是对妈妈的话说"不"。只有当你真正长大，你才能明白，"听妈妈的话"，这句话看似简单，其实包含了太多成长的顿悟和回报的决心。当你走得足够远，再回望那些指路牌时，你才能明白母亲的良苦用心。

亲爱的女孩，当你走在人生的岔道口时，你的选择是什么呢？

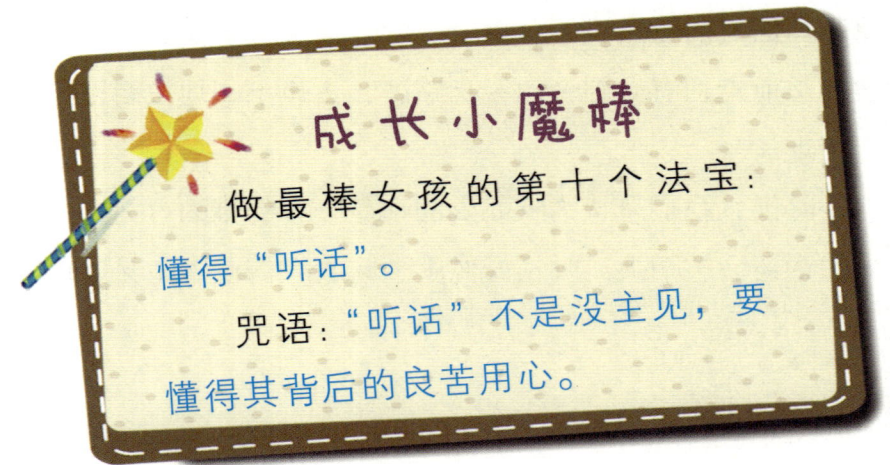

成长小魔棒

做最棒女孩的第十个法宝：

懂得"听话"。

咒语："听话"不是没主见，要懂得其背后的良苦用心。

爱做白日梦的青叶

在浩瀚的银河中，有一颗郁郁葱葱，长满了竹子的小星星——石竹星。

石竹星上住着一群青青嫩嫩的竹笋仙子。在成年以前，竹笋仙子只能待在自己的竹屋里学习，哪儿也去不了。只有等到年满一百岁，她们才能离开竹屋，用自己学到的知识去外面过日子。

每个竹屋旁边，都有一块晶莹剔透的玲珑石，它会记录下这个竹笋仙子是怎么度过自己一百岁以后的生活的。竹笋仙子活得越精彩，玲珑石就越闪耀。

青叶是石竹星上一个普普通通的竹笋仙子，今年她已经九十九岁了。这九十九年来，她每天都在做什么呢？和其他竹笋仙子不同的是，青叶从来不努力学习，整天活在自己的白日梦里。

很多年前，石竹星上的一位竹笋仙子去了其他星球。她在那颗星球上开了一家"音竹乐器馆"。她用石竹星特有的音竹制成了笙、箫、笛子等乐器,在当地备受追捧。

听说这件事之后,青叶想:"等我成年了,我一定也能走出石竹星,成就一番事业!"

她越想越投入,不知不觉就睡了过去,做起了梦。

梦里,青叶不再穿着素青色的笋外套,而是身着名贵的金丝衣。她在自己的乐器馆里来回踱步,看着客人们来来往往。后来,她买了一座豪华的大房子,里面有好多仆人,只要她小手一挥,就有人把糕点、水果送到她的嘴边……醒来的时候,她嘴角还挂着笑意。

但是,青叶醒后,并没有去学习怎么制作竹乐器,而是依旧每天都沉浸在幻想里。

过了不久，石竹星上最美的竹笋仙子梦茵嫁给了邻星最帅的一位少年。

青叶忍不住又做起了白日梦，幻想自己将来的丈夫会多么英俊帅气。她相信，自己一定也会拥有幸福美满的爱情。也许有一天，会有个王子像童话里讲的一样，骑着飞马降临在她面前，对她说："青叶，你愿意嫁给我吗？"

可青叶没有看到，梦茵当初是多么努力，才拥有了现在的幸福生活。梦茵知书达理，才貌双全，是石竹星所有竹笋仙子的骄傲。正是这样出色的她，才吸引了同样优秀的少年。

这么多年来，青叶每每看见别人的成功，就忍不住幻想自己的未来也会像她们一样圆满。可她从来没有意识到，别人是通过怎样的努力，才得到一个完美的结局的。

等到青叶一百岁的这一天，她终于走出了竹屋。

她迷茫了。这一百年来，她光顾着做白日梦了，什么真才实学也没有掌握。

后来，青叶的玲珑石一片暗淡。她什么也不会，什么也做不了，当初做的白日梦全都随风而逝。

成长点金术

脚踏实地

耽于空想的人，只会白白地浪费青春和生命。

唐朝时期，有一个叫卢生的书生，他整天都在为自己的穷困潦倒而烦恼。

有一年，卢生上京赶考，在途中的旅馆遇到一个叫吕翁的道士。他向吕翁诉说自己的穷困。吕翁好一番劝解，还是没能使卢生对名望和钱财释怀。于是，吕翁便拿出一个枕头递给卢生，对他说："只要你枕着这个枕头睡觉，就可以称心如意，逍遥快活了。"

这时天色已经晚了，店主人刚开始煮黄粱饭。

卢生接过枕头，很快就有了睡意。蒙眬中，伴随着黄粱饭的香气，卢生发现自己回到了家中。没过多久，他就迎娶了一个大户人家的女儿，妻子十分美丽，陪嫁的物品也非常丰厚。卢生兴奋不已，这才是他想要的生活呀！

不久，卢生参加了第二年的进士考试，并且一举得中。三年之后，他就升任为知州，成为百姓爱戴的好官。没过多久，他被朝廷征召入了京城，担任京兆尹，后来又被提拔为宰相，升官之路可谓一帆风顺。

他先后生了五个儿子，个个都取得了功名。而后又有了十几个孙子，成为方圆百里的名门望族，拥有享不尽的荣华富贵。渐渐地，卢生年事已高，在他死去的那一刻，他终于从梦中惊醒。

这时候，店主人的黄粱饭都还没有熟呢！原来，这一切都不过是短暂的一场梦罢了。

卢生的这个故事，就是"黄粱一梦"这个成语的由来。

亲爱的女孩，你发现了吗？虚幻的梦不过是泡影，风轻轻地一吹就破碎了。耽于空想的人，只会白白地浪费青春和生命。一味地沉浸在缥缈的白日梦中而不付出努力，则无法在现实中实现自己的愿望。

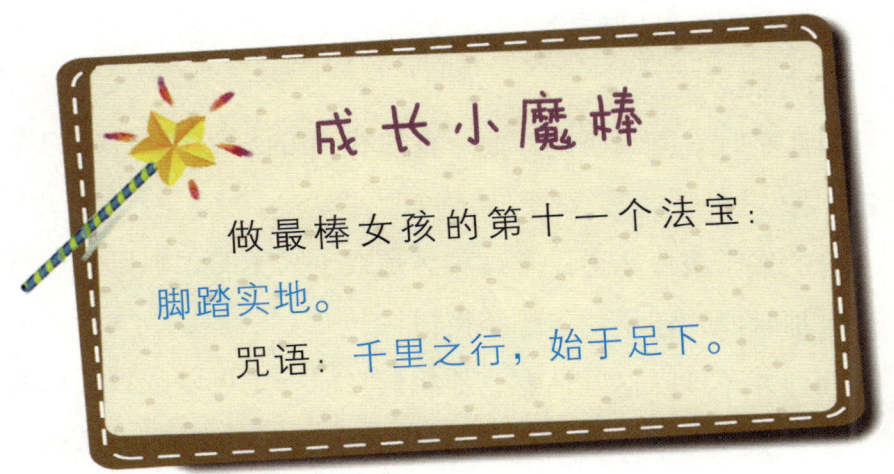

成长小魔棒

做最棒女孩的第十一个法宝：

脚踏实地。

咒语：千里之行，始于足下。

西西盖房

西西是只猴子,但他可不是一般的猴子,人家可是美猴王的第108代嫡系单传!

西西和猴群一起住在祖上传下来的花果山水帘洞里。花果山仙气缭绕,风景优美,有一挂百尺瀑布,瀑布后有一个洞穴,猴群就居住于此。他们白天嬉戏玩耍,晚上就睡在石床上,听着洞前水声,甜甜入梦。这样的生活,好不自在!

可是,猴子们也有苦恼的事情,他们患有一种"痒痒病",身上总是长着红红的疙瘩,每天奇痒无比,有的猴子痒得把身上的皮肤都挠破了。

西西平时就喜欢研究,他一直想找到方法治疗猴群中的痒痒病。

有的猴子泼冷水道:"这种病是猴子天生的,别白费力气了。有那时间,还不如多练练爬树!"

西西才不理睬这些话呢,他相信自己一定可以找到解决的办法。

一天,西西离开了猴群,来到了一个人类居住的村子。人们发现了西西,热情地邀请西西去家里做客。哇,人类的房子好棒啊!又温暖又干燥,比阴冷潮湿的水帘洞舒服多了。

西西在人类的房子里住了一个月,身上的痒痒病竟然奇迹般地好了!

"也许是因为水帘洞太潮湿,猴子们才得了痒痒病?"西西心里猜测。

西西回到花果山后,决心要在山下建一座房子,让猴群搬到房子里住。这可激怒了猴群长老,长老大声呵斥道:"祖上留下来的水帘洞,怎么能说搬就搬?荒唐!"

"你这只不肖猴子,就差刨祖坟了!"一只猴子尖着嗓子叫道。

围观的猴子也附和道:"不肖!不肖!不肖!"

西西委屈极了,可他还是坚持自己的想法。他在山脚下找了一块平地,不分白昼黑夜,搬石头做地基,砍树做建材,

忙得团团转。西西每天累得满头大汗,手掌上磨出好多血泡。

其他猴子冷眼看着这一切,还时不时地嘲笑西西,待在水帘洞里不好吗?这家伙非要建什么破房子!

只有一只叫灿灿的小猴子支持西西,他一直在暗中帮助西西。

"为什么帮我?"西西问灿灿。

"你有自己的想法。那些猴子,长老说什么,他们就听什么,一点儿主见也没有!"灿灿眨巴着机灵的大眼睛说。

终于,房子建好了,是一座美丽的木头房子!木屋宽敞明亮,温暖舒适。

灿灿在新房子里住了一段时间,身上的红疙瘩不见了,他急忙把这个好消息告诉了水帘洞里的其他猴子。其他猴子半信半疑,尝试着去木屋住了一个月,痒痒病全好了!他们为自己之前的行为感到羞愧,纷纷向西西道歉,还夸他是"智慧猴"呢。

碍着面子,长老还是死活不肯搬出水帘洞,猴子们趁着长老睡着,把长老抬到了山下的木屋里。长老醒来正要发火,咦,怎么感觉那么舒服?呀,身下不是湿湿硬硬的石头,而是干爽的木板床。他舒展了一下胳膊腿儿,不好意思地说:"让我再住一个晚上吧!"

"只准再住一个晚上哦!"西西调皮地说。

你猜长老住了多久?哈哈,他老得走不动路了,还一直赖在木房子里呢!

保持主见

我们服从于真理,而不是少数服从多数。

曾经看过一部名为《大护法》的电影,到现在都没有忘记其中的内容。

电影讲的是,一个富翁养了一群花生人,花生人没有自己的主见,也不会说话,富翁让他们干什么,他们就干什么。这群花生人从来不会思考,富翁把花生人称作"猪"。这群花生人每天只知道吃喝拉撒,听富翁演讲,觉得富翁是他们的神,什么都听富翁的。

终于,一个叫小姜的花生人觉醒了,他学会了说话,有了自己的思想,勇敢地揭开了真相——原来富翁不是神仙,而是个假扮神仙的大骗子!

在小姜的带动下,觉醒的花生人越来越多,他们也有了自己的主见。大家团结起来,推翻了富翁的统治,最终获得了自由。

是啊，正像这部电影想告诉我们的那样，没有主见的人和行尸走肉一样。如果总是人云亦云，别人说什么就信什么，没有一点儿自己的判断，你就活不出自己的精彩。

亲爱的女孩，你是独一无二的，在观点上和别人难免有冲突。我们服从于真理，而不是少数服从多数，如果你是坚持真理的少数，请保持自己的主见。

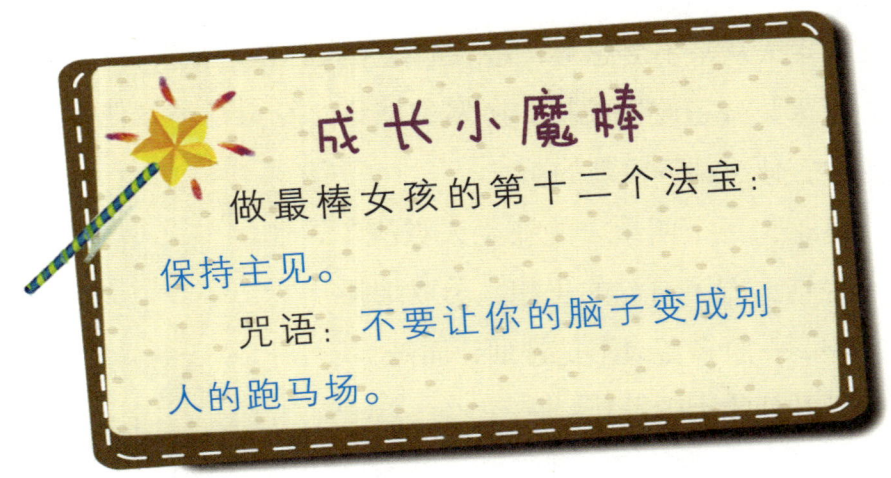

成长小魔棒

做最棒女孩的第十二个法宝：

保持主见。

咒语：不要让你的脑子变成别人的跑马场。

鸭妞童童

鸭嘴镇迎来了一个火辣辣的夏天。

鸭妞童童正在小溪边梳洗她的毛发,一个消息已经在小镇里炸开了锅——鸭嘴镇来了一个大明星天鹅小姐!

《鸭嘴晨报》登出了天鹅小姐的整版报道,她头上戴着璀璨的水晶皇冠,全身的羽毛如同白雪般圣洁。最了不得的是她的歌声,如果你有幸听到她婉转悠扬的歌唱,一定会被她迷倒。

自从天鹅小姐来到小镇后,《鸭嘴晨报》上每天都会发表她的动态消息。鸭嘴书店开始出售天鹅小姐的音乐专辑,各大影院贴出了天鹅小姐的巨幅海报,连便利店也在出售天鹅明信片呢……一时间,天鹅小姐的名声风靡了整个鸭嘴镇。

鸭妞童童已经完全被天鹅小姐迷住了,她多么渴望自己也能成为一只美丽的白天鹅啊。

童童开始节食,她也想拥有天鹅小姐那样的苗条身材。每天,童童只吃两片可怜巴巴的小鱼干,肚子饿了就一头扎进河里,喝一肚子的水。为了让自己的羽毛更加白亮,她求着鸭妈妈带她去美发店做保养。

她花掉自己所有的零用钱,买了一大堆天鹅小姐的明星海报、音乐专辑。她在房间里贴满了天鹅小姐的海报,每天听专辑到深夜。时尚杂志上只要登有天鹅小姐的照片,她就会一口气买上一大摞。

以前乖巧懂事的童童像变了一个人，她每天沉浸在天鹅小姐的世界里，几乎忘了自己是谁。

童童终于有机会可以亲眼见到自己的偶像了。

天鹅小姐将举行一场歌友见面会，门票是50枚鸭嘴币。童童兴奋地卖掉了自己最喜欢的滑板车，还跑去鸭嘴餐馆端了一个星期的盘子，终于攒足了钱。

然而，把钱交给天鹅小姐的"助理"鸡冠大叔之后，就没有了下文。

过了几日，《鸭嘴晨报》登出新闻：一个骗子团伙冒充明星经纪人，以歌友见面会为幌子到处行骗，被拆穿后卷款潜逃……

童童这才知道自己被骗了，她"哇"的一声哭出声来，最后哭晕了过去……

当童童醒来的时候，她发现自己正躺在医院里。医生告诉她，由于长期节食、熬夜、不运动，她患了好几种病，得在医院好好调养。

童童这才发现，因为她一味地沉溺在天鹅小姐的世界里，已经把原来美好的生活搅得一团糟。

糊涂的少年

世界上最动听的掌声不是献给偶像的掌声，而是给自己的掌声。

在周杰伦亚洲巡演的广州演唱会上，发生了一例震惊全国的自杀事件。

自杀的少年名叫周枫，是周杰伦的狂热粉丝。周枫患有间歇性偏瘫，本应在家休养的他却踏上了追星之路。他从湖南一路追星到广州。

一路上，周枫省吃俭用，住过20多个救助站，还把救助站给他的微薄资助都攒了起来，买了高价演唱会门票。

广州是周杰伦亚洲巡演的最后一站，这场结束后，周杰伦两年内都不会再开演唱会。周枫一时间接受不了这个事实，疯狂的他做出了疯狂的事，竟一口气吞下了30粒安眠药！

经过一番紧急抢救，医生们把周枫从鬼门关救了回来。刚脱离危险的他竟然还一遍遍地问旁边的记者："你能想法子帮我找到周杰伦吗？"

亲爱的女孩，看了周枫的故事，你是不是觉得他挺傻的？他真是个糊涂的少年啊！竟然把追星看得比生命还重要。

像周枫一样的狂热粉丝有很多。他们对明星近乎疯狂的、失去理智的迷恋已经到了让人匪夷所思的地步。亲爱的女孩，我希望你不要像周枫那样盲目追星，希望你明白——

世界上最快乐的事不是为一个不相干的人神魂颠倒，而是做自己热爱的工作；世界上最动听的掌声不是在演唱会上献给你的偶像的，而是给自己的。

有一日，当你发现自己成为心中所梦想的那种人，你应该骄傲地给自己鼓掌，那样的掌声才是最动听的。

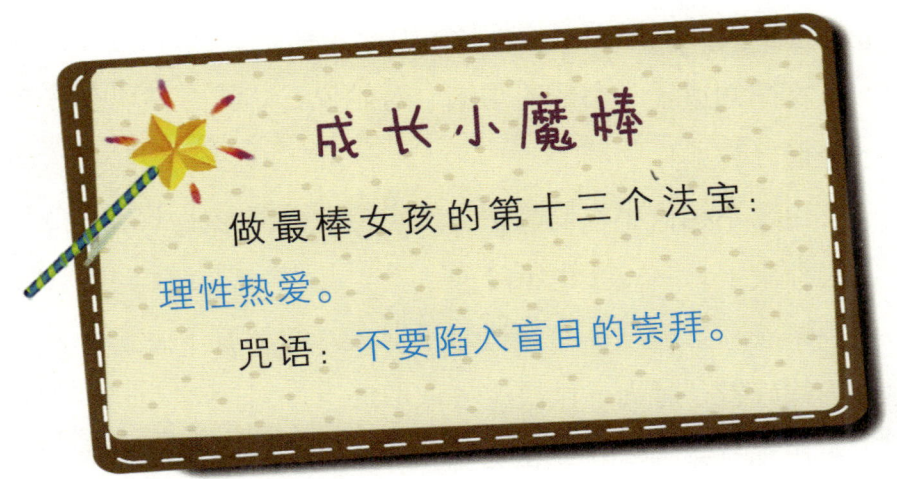

成长小魔棒

做最棒女孩的第十三个法宝：

理性热爱。

咒语：不要陷入盲目的崇拜。

森林选美大赛

最近,森林里格外热闹。

再过几天,就要举行"森林选美大赛"了,小动物们都在精心地准备着,打算好好打扮一番,来角逐大赛的冠军。

河岸边,住着一只小白鹭,她有着一身洁白的羽毛。她可想成为选美大赛的冠军了,可是,她低头看着自己,十分发愁。

小喜鹊知道了小白鹭的烦恼,对她说:"我看你现在这样就已经很好看了!"

小白鹭不相信小喜鹊的话,她觉得自己浑身上下都是白白的,太朴素了,一点儿也不时尚。

她蜷着一条腿站在河岸边想了很久,忽然有了主意,人人都说蝴蝶好看、时尚,她决定去取取经。

小白鹭扬起翅膀,在花丛中找到了蝴蝶。

蝴蝶正在采花粉,她上下飞舞着说:"想要时尚,当然要让自己变得斑斓又闪亮。"

小白鹭这回明白了,她向蝴蝶讨了些新鲜的花粉,把头发染得像蝴蝶翅膀一样斑斓又闪亮。

看着湖面上焕然一新的自己,小白鹭可高兴了。

但是,她还想更时尚一点。一群蚂蚁正在一旁荡秋千,他们替小白鹭出了个点子:"去找孔雀吧,孔雀多美、多时尚呀!"

小白鹭眼前一亮,她扇扇翅膀,找到了孔雀。

孔雀果然美!瞧,他一身七彩的羽毛在阳光下泛着金光,小白鹭羡慕极了。

孔雀慢悠悠地梳理着自己的羽毛,只说了六个字:"时尚就是华丽!"

小白鹭谢过孔雀,回到了家。

她拿出颜料盘,对着镜子,将自己一身洁白的羽毛涂得像孔雀那般艳丽。"瞧,我现在是不是时尚多了?"小白鹭站在镜子前左看看右看看,感到十分满意。

但是,她觉得好像还少了点什么。她飞出家门,在森林里慢慢盘旋着。那边,一只甲壳虫忽然喊道:"好酷!"

小白鹭转头一看,那边来了只熊猫,他戴着一副墨镜,看起来的确酷劲十足!

小白鹭一拍脑袋,时尚就是酷,对啊,自己怎么没想到!

到了大赛当天,小白鹭走上了舞台,瞧,她身披五颜六色的羽毛,顶着斑斓又闪亮的头发,还戴着一副大大的墨镜。

她认为自己这副样子一定会给大伙

儿带来惊喜,让她想不到的是,她给大家带来的却是惊吓。

不管是观众还是评委都被她吓了一大跳,这还是小白鹭吗?她的样子太古怪、太难看啦!

小白鹭"收获"了全场最低分,她失落地躲进草丛里,低声啜泣起来……

她的好朋友小喜鹊跟了过来,轻抚着她的背,说:"小白鹭,你真傻,何必去学他们呢?蝴蝶的斑斓、孔雀的华丽、熊猫的墨镜都是他们独有的,你不需要这些。你一身洁白的羽毛,那么简洁、那么高贵,本来就够时尚啦!"

小白鹭停止了哭泣,她低头看着自己那一身花哨的装扮,忽然明白了什么。

我就是我

每个人都像天上的星星，会散发自己的光芒。

小白鹭盲目跟风，追求所谓的时尚，却失去了自己的特色。真正的时尚是什么？只要你把自己最美的一面展示出来，那就是真正的时尚。

人云亦云，总是跟随他人的脚步，会迷失自我。

其实，适合自己的才是最好的。

英国前首相撒切尔夫人在孩童时，也发生过一件类似的事。

那会儿，撒切尔发现有些同学可酷了，他们在街上玩耍，骑自行车，去山坡野餐，互相炫耀流行的服饰……

撒切尔很想追随同学们的脚步，父亲却说："你要有自己的主见，不能因为你的朋友在做什么，你就也跟着去做。现在是你学习知识的大好时光，沉迷游乐可能会让你一事无成。你自己做决定吧。"

听完父亲的话，撒切尔陷入了沉思。她想起自己刚买回来的书还没看完呢。是啊，她为什么非要学别人呢，她还有很多更重要的事情要做！

父亲的教导让撒切尔学会了不随波逐流,她开始有了自己的主见。

每个人都希望自己能在人群中绽放光彩,就像星星渴望在夜空中闪烁光芒。亲爱的女孩,希望你能学会对盲目跟风说"不",尽情地绽放属于自己的光芒,你也能成为夜空中一颗璀璨的明星。

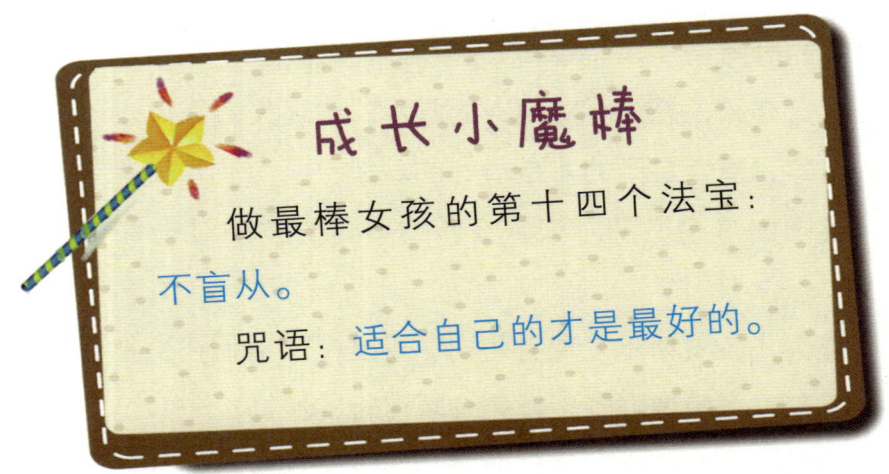

成长小魔棒

做最棒女孩的第十四个法宝:

不盲从。

咒语:适合自己的才是最好的。

阔哆哆的大仓库

从前，有一个名叫阔哆哆的大富豪，他最大的爱好就是买衣服，然后把衣服放进他的大仓库里。买的越多，他就越高兴。

睡衣店老板最喜欢阔哆哆了，每次阔哆哆来买衣服，他就笑嘻嘻地说："帅气阔哆哆，睡衣最多多！"

泳衣店老板最喜欢阔哆哆了，每次阔哆哆来买衣服，他就手舞足蹈地说："神气阔哆哆，泳衣最多多！"

大衣店老板最喜欢阔哆哆了，每次阔哆哆来买衣服，他就点头哈腰地说："大气阔哆哆，大衣最多多！"

"阔哆哆的衣服真多啊！"

见过阔哆哆的大仓库后，每个人都会感叹。

阔哆哆每每看到自己的衣服仓库就会特别高兴。这样的生活真是太美好了！他变得更加爱买衣服，买的衣服越来越多，大仓库也越来越满。

阔哆哆心里高兴极了："哈哈，我是富豪阔哆哆，仓库衣服最多多！"

一天晚上，阔哆哆又跑来仓库试睡衣。他伸手一拿，取出一件粉红色的睡衣套在身上。不对啊,这不是女士睡衣吗?人家阔哆哆可是一位男士。

他赶紧把这件睡衣脱下来,换上了另一件。他使劲套了半天也没穿进去,嗨,原来这是一件儿童睡衣!

阔哆哆总算找到了他喜欢的睡衣,那是一件蓝色的兔耳朵睡衣,哦,不,他发现那件紫色的星星图案睡衣更好看……

就这样，阔哆哆一整晚都在选睡衣，根本没有时间睡觉。天亮了，阔哆哆又跑去睡衣店买了一大堆睡衣放进自己的大仓库。

夏天到了，阔哆哆打算去游泳。阔哆哆的泳裤实在是太多了，他在仓库里选来选去，太阳从东边落到西边，他都没选好穿哪条。

等到星星都准备睡觉了，阔哆哆这才拿着一条泳裤来到游泳馆，游泳馆黑漆漆的，早就闭馆啦。

冬天到了，下起了大雪，街上的每个人都裹紧了大衣。阔哆哆最喜欢下雪天，因为他的大衣最多啦。

他让随从装了满满一车大衣跟在后面，每隔一会儿就换一件，一天下来，他能换好几十件大衣呢。阔哆哆不停地换来换去，冻得眼泪、鼻涕直流。

就这样，阔哆哆不停地买衣服。慢慢地，阔哆哆的钱不够花了，他的钱全换成了衣服。

"咚咚咚"，有人在敲仓库的门，阔哆哆赶紧把门打开了。

睡衣店、泳衣店、大衣店，还有其他服装店的老板都堵在仓库门口，叫嚷道："阔哆哆，你欠了我们的钱，我们要没收你的大仓库！"

阔哆哆被赶出了大仓库，他最喜欢的衣服也没了。落魄的阔哆哆只能流落街头，穿着破衣服烂裤子。他做梦都想不到，自己买过那么多衣服，现在却连一件像样的衣服都没有。

"猪宝宝"的肚子

省一分钱就是赚一分钱。

在我还是一个小朋友的时候,爸爸送给了我一个"猪宝宝"。"猪宝宝"是一个金色的存钱罐,它的背上有道放硬币的口子,肚子上有个取硬币的塞子。

爸爸告诉我,每天从"猪宝宝"背上放几枚硬币进去,不久我就能存上一笔钱,可以买自己想要的东西啦。爸爸问我:"你想要什么呀?"

当时我摸了摸脑袋,大声说:"我要口琴、图画册和文具盒!"

我把零花钱放进"猪宝宝"背上的口子里,可是,我上午放进去,下午就想买冰棍吃了。后来实在嘴馋,就从"猪宝宝"的肚子里拿出几枚硬币。

暑假结束,爸爸来检查我的"猪宝宝"存钱罐,发现里面一个硬币也没有。他问我:"还想要口琴、图画册和文具盒吗?"

我羞愧极了,因为我把所有硬币都拿去买了冰棍。而我的姐姐呢,她不像我这么乱花钱,结果,她用自己"猪宝宝"肚子里的钱买了个新书包。我羡慕了很久。

亲爱的女孩,学会理财对我们每个人都很重要。这里给你几条很好的建议:

1. 学会记账,这样你会知道钱去了哪里;

2. 不乱花钱,学会把钱花在该花的地方,不要因为"冰棍"丢了"口琴";

3. 懂得节制、节制、节制,重要的事情说三遍,省一分钱就是赚一分钱;

4. 不当"月光族",养成存钱的好习惯,积少成多,你会大有收获。

亲爱的女孩,培养良好的理财习惯并坚持下去,长大之后,你会发现这些好习惯让你受益匪浅。要知道,一个经济独立的女孩,可以获得自由。

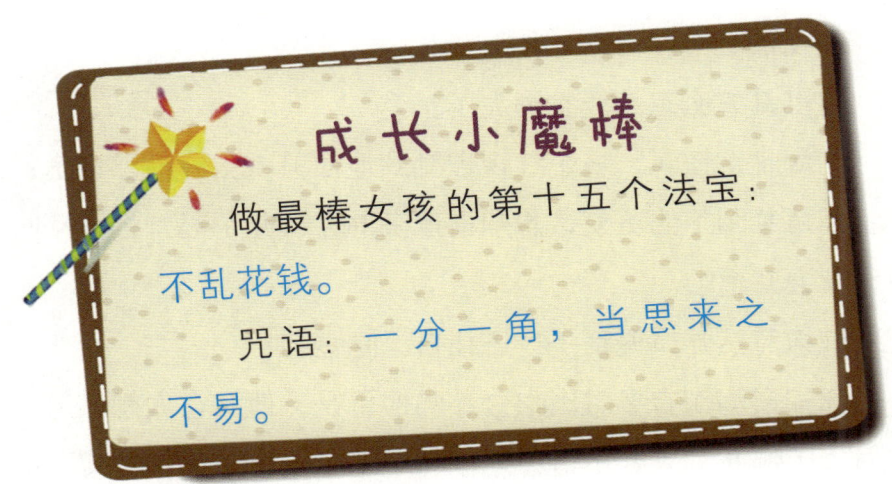

成长小魔棒

做最棒女孩的第十五个法宝:

不乱花钱。

咒语:一分一角,当思来之不易。

拯救冰淇淋

小老鼠淘淘不喜欢吃蔬菜，一点儿也不喜欢。

鼠妈妈愁坏了，为了让淘淘吃点蔬菜，她想了各种招儿，什么蔬菜饼、蔬菜汤、蔬菜果汁……

淘淘才不要吃蔬菜呢，他把那些什么蔬菜饼、蔬菜汤、蔬菜果汁统统推到一边，嘴里喊道："我是淘淘，蔬菜我不要，冰淇淋，来多少，我全要！"

冰淇淋冰冰的、甜甜的，多好吃啊，那是淘淘的最爱！

一天，淘淘拿起一支冰淇淋大大地咬了一口，不知怎么回事，他咬了个空。

冰淇淋怎么忽然凭空消失了？

淘淘正奇怪呢，一个红辣椒跳到他面前，张开嘴巴说道："我是蔬菜国王的信使，想知道冰淇淋去哪儿了吗？把豆芽吃掉你就会知道啦。"

辣椒竟然开口说话了！还让自己吃豆芽！

你知道淘淘有多讨厌吃豆芽吗？可是，他实在太想知道冰淇淋去了哪儿，只好不情愿地往嘴里塞了一根豆芽，"嗖"的一声，他的头顶长出了什么东西。

呀！淘淘吓了一跳，他赶紧跳到镜子前，只见自己的头顶上冒出了一根金黄色的"豆芽天线"。

豆芽天线闪了闪，接听到一个威严的声音："我是蔬菜国的国王，你的冰淇淋被我'关'在了棒冰山，想救它，先吃掉放在盘子里的菠菜，这样你才能飞到棒冰山的山顶。"

啊！菠菜！你知道淘淘有多讨厌吃菠菜吗？淘淘"哼"了一声，心想："你把我的冰淇淋关起来，我大不了再拿一支！"他打开冰箱，拿了一支最大的冰淇淋。

他刚伸出舌头想舔一口，哇，冰淇淋竟然又消失了！

淘淘这下相信了，他的冰淇淋真的被"关"了起来！

没办法，淘淘只好闭上眼睛，把盘子里的菠菜一口吞了下去。咦，菠菜甜甜的，没那么难吃嘛。

刚吃完，奇妙的事情发生了。"呼"的一声，淘淘的背上长出了一对菠菜翅膀，绿绿的菠菜叶子扑扇扑扇的，他飞起来了！

风儿在耳边"呼呼"，鸟儿在身旁"喳喳"。

淘淘飞呀飞，飞到了棒冰山的山顶。山顶上到处都是积雪，一侧是陡峭的悬崖，悬崖下是可怕的冰湖，淘淘趴在悬崖边往下看了看，吓得尾巴都竖了起来。

菠菜翅膀消失了，淘淘头顶的豆芽天线又闪了闪。

"往右看，那棵大树下有一朵胖胖的蘑菇，吃了它。"蔬菜国国王的声音在淘淘耳边响起。

蘑菇！你知道淘淘有多讨厌吃蘑菇吗？可是，蔬菜国国王的命令不能违抗呀，淘淘只好跑到那棵树下，拿起蘑菇捏着鼻子吃了下去。咦，蘑菇鲜嫩多汁，没那么难吃嘛！

"哗"，淘淘的背上多了一顶大大的蘑菇降落伞，它吊着淘淘从悬崖飘了下去。

淘淘降落在冰湖上，蘑菇降落伞消失了。

冰湖的湖面真滑啊！淘淘"扑通"一下摔出去老远，他好不容易挣扎着爬起来，"扑通"，又摔了个大跟头。

"哈哈哈"，从豆芽天线传来蔬菜国国王的笑声，估计他笑得肚子都疼了吧？

"小家伙，摔跤摔得呱呱叫。看见你脚边的冰碗了吗？碗

里是茄子，吃了它，有惊喜！"蔬菜国国王说。

茄子！你知道淘淘有多讨厌吃茄子吗？不过，那是从前，现在，淘淘有点盼着吃茄子了，吃了它会有什么惊喜呢？他迫不及待地把茄子塞到嘴里。茄子冰冰的、软软的，味道真不赖！

看！淘淘的脚上长出了一对紫色的茄子滑冰鞋！他在冰湖上滑行着，嘴里还哼着小曲儿。

淘淘滑到了冰湖的另一边，茄子滑冰鞋消失了，头顶的豆芽天线也消失了。一个箭头指示牌立在一座冰房子门口，上面写着：

你想去的地方

"我想去的地方，难道是冰淇淋仓库吗？"

淘淘推开门，被眼前的景象惊呆了！

哇！这不是自己家的餐厅吗？

原来，冰房子的门是个传送门，它把淘淘送回了家！

鼠爸爸、鼠妈妈正等着淘淘吃饭呢，饭桌上有炒豆芽、炖蘑菇、凉拌菠菜，还有香喷喷的红烧茄子！

辛苦了一路，淘淘的肚子早就饿啦，这一次，他没有把那些菜推到一边，而是大口地吃了起来，嗯嗯，蔬菜真的很好吃呢！

"嘻嘻，冰淇淋我要，蔬菜我也要！"

玫瑰的"菜单"

"不挑食"的玫瑰才足够美丽。

"啊,我讨厌青菜!"
"不,我不吃番茄!"
"天哪,洋葱的味道好可怕!"
……

每个孩子或多或少都有挑食的小毛病,遇到不喜欢的食物,第一反应便是抗拒。经常挑食的孩子会营养不良,身体瘦弱,体质下降,容易生病。由此可见,挑食并不是一件小事。

一株玫瑰幼苗，需要清冽的水，需要足够的阳光，需要营养充分的肥料，才可以长成一株美丽的玫瑰。玫瑰的"菜单"上有水、阳光和肥料，这三者缺一不可。

亲爱的女孩，你也是如此。如果你也有挑食的坏习惯，一定要尽早改掉，多吃有营养的食物。现在正是你长身体的关键时期，吸收足够的营养，你才能长成一个美丽健康的女孩。

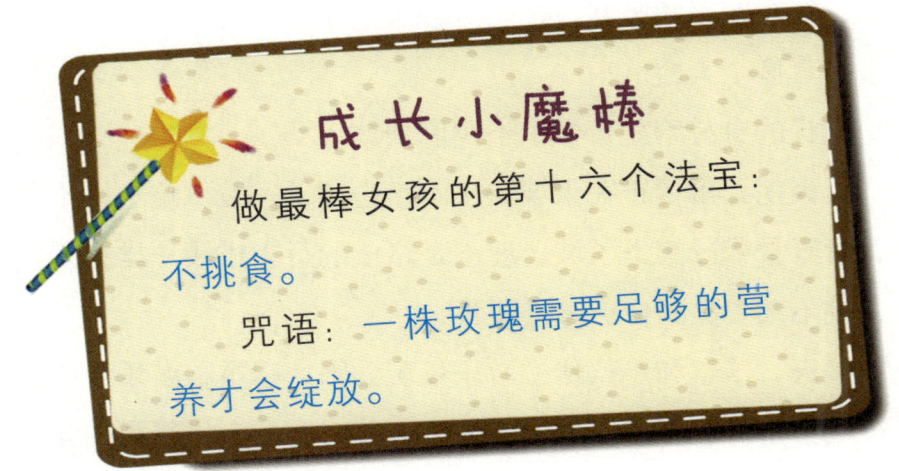

成长小魔棒

做最棒女孩的第十六个法宝：

不挑食。

咒语：一株玫瑰需要足够的营养才会绽放。

会走路的海绵蛋糕

蕾蕾的书包老是鼓鼓的，你猜里面装了什么？你要说书包里当然是装书啊，那你就大错特错了。她的书包里装的全是零食，有蛋糕、巧克力、果冻、棒棒糖，还有一大桶爆米花！

蕾蕾老是吃零食，不爱运动，她是个小胖墩儿，圆滚滚的身体，短短的胳膊腿儿，加上她特别爱穿绿色的衣服，远远看上去，真像个大西瓜！

这样的身材给她带来了不少麻烦。

几天前，蕾蕾正在下坡，一不小心摔了一跤。这一摔不要紧，蕾蕾骨碌碌滚下了坡，要不是路上的行人排成一排把她拦住，她不知要滚到什么时候呢！

一天，蕾蕾和小伙伴去游乐场玩。因为超重，游乐场的很多设施蕾蕾都玩不了。她无聊地转悠着，在一个不起眼的角落里，她发现了一台游戏机。

游戏机有个投币口，蕾蕾丢了一枚硬币进去，游戏机的界面亮了，出现了一个"吃蛋糕"的游戏。屏幕上飞快地掉下来一个个海绵蛋糕，有个小人仰着头，张着嘴。

看着诱人的蛋糕，蕾蕾急忙操作遥控杆，一个个蛋糕都被小人"吃"进了嘴里。小人变得越来越大，越来越大，最后变成了一块大海绵蛋糕……

玩了一天回到家，蕾蕾在床上倒头大睡。第二天早上醒来，蕾蕾吓坏了——她的身体不见了！蕾蕾急忙跑到镜子前，出现在镜子里的，不是胖胖的蕾蕾，而是一块长着胳膊腿儿的海绵蛋糕！哇，蕾蕾变成了一块海绵蛋糕！

蕾蕾瞧着镜子里自己的模样，害怕极了。这时，厨房里传来了妈妈的声音："蕾蕾，快来吃早饭！上学要迟到了！"

"我不能让妈妈知道我变成了一块蛋糕，天哪，她会晕过去的！"蕾蕾心想。

蕾蕾把妈妈的大衣裹在身

上，戴了一顶大大的宽檐帽，蹑手蹑脚地出了门。

怕被当成怪物，蕾蕾不敢走大路，她走在小路上，边走边思考这件怪事。突然，她想到了游乐园的那台游戏机，那个小人最后变成了一块海绵蛋糕，就和自己一样！

"对！一定是那台游戏机搞的鬼！我还得去游戏机那儿！"蕾蕾的眼睛亮了。

可是游乐园好远啊！蕾蕾从来没有走过那么远的路。现在这副模样她又不敢搭车，只好步行过去。

蕾蕾走进一条窄巷，突然，一阵"汪汪汪"的声音从她身后传来，蕾蕾转头一看，吓得直哆嗦。只见一只恶犬站在蕾蕾身后。

恶犬盯着蕾蕾，使劲儿吸了吸鼻子，嘴角流出了口水。眼前这块"大蛋糕"太香了，瞧，"大蛋糕"还会动呢，这块会走路的"蛋糕"味道一定不一般！

恶犬向蕾蕾凶狠地扑过来，蕾蕾吓得急忙撒腿就跑，可是她太胖了，跑几步就气喘吁吁的。

眼看蕾蕾就要被恶犬追到了，情急之中，她想出了一条妙计。她把身子蜷缩成圆柱状，在地面上飞快地滚动着，越滚越快。恶犬追了蕾蕾好几条街都没追上，它累得口吐白沫，只好放弃这块到嘴的"蛋糕"。

蕾蕾见恶犬不追了，松了一口气。她站起身，抬起头，又惊又喜——真巧！无意间，她竟然"滚"到了游乐园门口！

她刚要拍手叫好，发现今天游乐园竟然闭园了！

"我是会'缩骨'的海绵蛋糕，没有我钻不进去的地方！"蕾蕾觉得自己的想法太聪明了。

只见蕾蕾身子一缩，轻轻松松地从游乐园铁门底下钻了进去。

蕾蕾找到那台游戏机，往投币口扔了一个硬币，游戏机界面出现了一行字：蛋糕吃够了吗？1.够了。2.不够，还要吃。

蕾蕾飞快地选择了"够了"，一束光从游戏机里射出来，晃得蕾蕾闭上了眼睛。等她再睁开双眼时，她又变回原来那个蕾蕾啦！

从此，蕾蕾再也不敢像以前一样狂吃零食了，她还养成了运动的好习惯。蕾蕾可不想再变成什么会走路的巧克力、果冻、棒棒糖了！

少吃零食

管住嘴巴，少吃零食。

小美是一个漂亮的女孩子，可她有个缺点——爱吃零食，不好好吃饭。小美的爸爸妈妈为此操碎了心，每天变着花样给她做饭，但是小美只吃几口就不想吃了，因为她觉得蛋糕、薯片更好吃。

在一节体育课上，小美突然晕倒了。老师赶紧把小美送到医务室。医生给小美仔细地检查了一遍，摸着小美的头问她："你是不是不好好吃饭呀？"小美低着头说："我不喜欢吃饭，我爱吃糖果、薯片、巧克力……"

医生摇了摇头,严肃地说:"你吃的这些零食都是垃圾食品啊,要多吃米饭、蔬菜和肉类,不然身体长期得不到充足的营养,会导致营养不良,所以你才会突然晕倒啊!"

小美听了医生的这番话,知道了吃零食的坏处,决定改掉这个坏习惯。

故事中的蕾蕾和小美都很爱吃零食,特别是垃圾食品。垃圾食品是指焦煳、高油、高盐、高糖的食品,比如烤串、炸鸡、薯片、辣条、棒棒糖、冰淇淋……经常吃这些食品,就会导致厌食、身体肥胖,从而影响健康,给疾病可乘之机。

亲爱的女孩,零食可不能多吃哦。一日三餐,按时吃饭,多吃蔬菜和水果,适量运动,才能有健康的身体。晓玲姐姐相信,聪明的你一定能管住自己的嘴巴,做一个美丽自律的女孩。

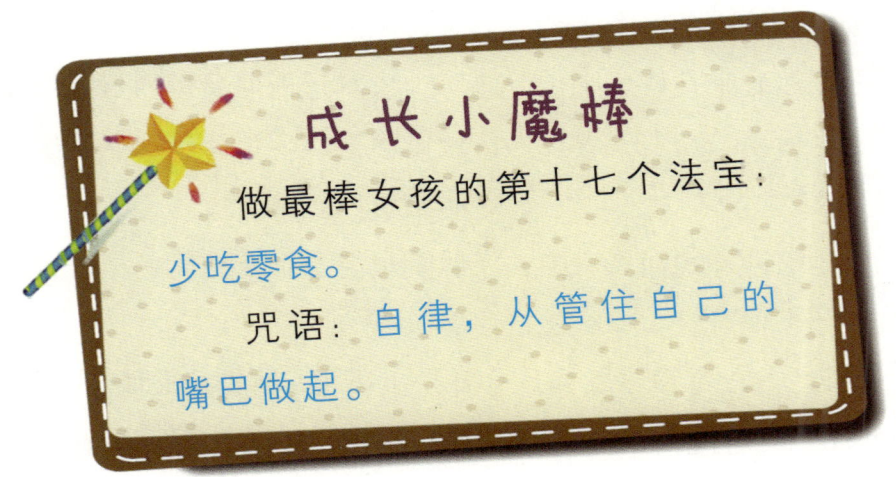

成长小魔棒

做最棒女孩的第十七个法宝:

少吃零食。

咒语:自律,从管住自己的嘴巴做起。

天上掉荷包

　　绿萝有个外号叫作"小算盘",再小的便宜,她都想多占一些。

　　去年秋天,邻居家菜园子里的蔬菜成熟了,绿萝眼睛一亮,好大的白菜啊!她偷偷跳进菜园子,顺手就拔了两棵。

　　绿萝的小心思可多了,每次和朋友们吃饭,她总是找各种借口提前离开,从来不肯掏钱。这个"小算盘"算得贼精!

　　一天,绿萝到城外的集市上买东西。她正走在大街上,一个金灿灿的小荷包忽然从天而降。她捡起荷包一看,"嗬!"里面竟然有十几片金叶子,还有一块看起来很名贵的玉佩!绿萝心中大喜,左右一看没人,便偷偷把这个小荷包揣在兜里带回了家。

　　她兴冲冲地回到家中,在后院里挖了个坑把荷包藏进去,还做了个记号。

　　第二天,绿萝带着一片金叶子上街了。她美滋滋地想:"我要去街上最有名的酒楼饱餐一顿,然后去胭脂坊里买最好的胭脂水粉,还要去衣铺买一件最新款的金丝长裙……"

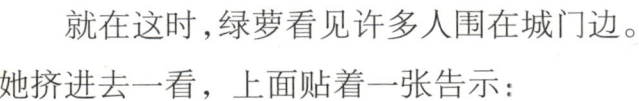

就在这时,绿萝看见许多人围在城门边。她挤进去一看,上面贴着一张告示:

"昨日太子在登高楼时不慎将荷包掉落。荷包镶着金边,内有数片金叶子和一块玉佩。请拾到荷包者尽快归还。若有私吞者,衙门将会严厉处置。"

绿萝吓得一哆嗦,可一想到要归还荷包,她心里就像被割了肉似的痛!她打死也不会把荷包交出去。

绿萝退出人群,悄悄找了一家金店把金叶子换成钱,先去醉仙居吃了饭,还买了胭脂水粉、金丝长裙……

她心满意足地回到家。哪知刚进门,水都没喝一口,就有官差上门将她捕到衙门审问。

县官大人坐在公堂上,手拿一片金叶子,冷着一张脸问道:"绿萝,这片刻有皇家标志的金叶子你可认识?"

绿萝一下慌了神,她压根儿没注意到金叶子上有皇家标志,这下事情败露了,绿萝眼见无法抵赖,只好供认了全部经过。

绿萝家后院里藏着的荷包也被官府搜了出来,人证、物证俱在,县官大人判处绿萝二十大板,关入牢房面壁思过。

在昏天暗地的牢房里,绿萝悔不当初,真是贪小便宜吃大亏啊!从此,"小算盘"再也不敢乱占小便宜了。

切莫贪小失大

捡了芝麻,丢了西瓜。

小宋有一个发财梦。

他毕业两年了,一份正经工作都没有,天天想着要是哪一天能中大奖就好了!

这一天,"好运"真的降临到他的头上。

小宋上网时,一位网友突然邀请他帮忙刷单。只要用自己的账户购买指定的商品,就会立刻返还商品价格150%的金额。那些商品便宜的只要十几二十元,贵的却要上千元。

对方先后发来几条商品链接,小宋按照指引先购买了两样20元的商品后,果然立刻收到了两个30元的红包。

他先后刷了几单价格低的商品后,忍不住点开了一件6000元的商品。

谁知,当他刷完这一单后,对面的网友却消失了。

小宋急忙向警察求助,可是骗子早已消失在茫茫的网络里。他后悔极了,小便宜没贪到,反而还吃了个大亏。

故事中的绿萝和小宋一样,都是为了贪图眼前的一点点小利,却让自己遭受了更大的损失。

亲爱的女孩，生活中，有些人想方设法地让你贪图一时之利，你千万不要"捡了芝麻，丢了西瓜"。当那些诱惑摆在你面前时，你可要当心哦。切记：天上掉下来的往往不是"馅饼"，而是"铁饼"。

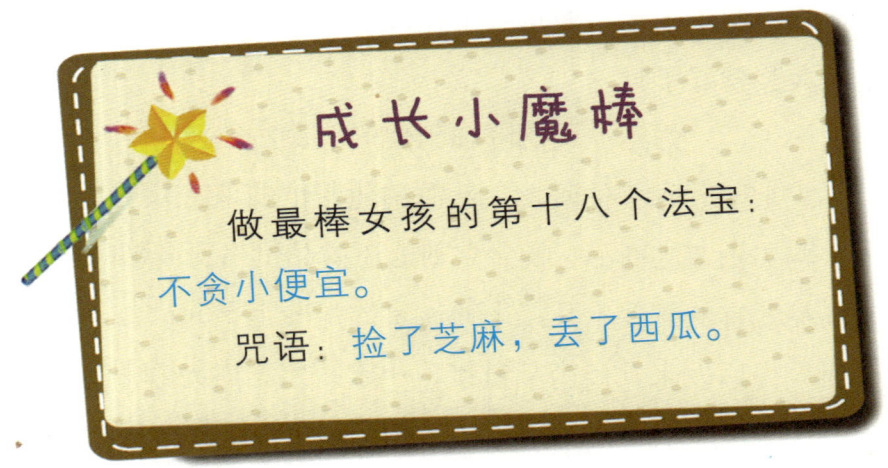

成长小魔棒

做最棒女孩的第十八个法宝：

不贪小便宜。

咒语：捡了芝麻，丢了西瓜。

旅行鱼溜溜

旅行鱼溜溜来啦!

溜溜是一个海洋旅行家,他有一个大吸盘,他常常用吸盘吸在别的海洋动物身上,跟着他们一起去旅行。

溜溜躲在鲨鱼先生的下巴底下去了复活节岛,见识了岛上神秘的石像;

溜溜躺在海龟爷爷的壳上去了塞舌尔群岛,见识了最清澈的海水;

溜溜攀在鲸鱼大叔的肚子下去了多米尼加,见识了最棒的海滩;

溜溜贴在海豚哥哥的背上去了新几内亚岛,见识了最火辣的阳光;

……

溜溜靠着自己的吸盘,几乎把世界游了个遍。他太为自己骄傲啦!

我是伟大的旅行家,

啦啦啦!

鲨鱼是我的酷跑车,

海龟是我的观光车,

鲸鱼是我的大巴士……

溜溜一边唱着歌儿一边快乐地摆动着尾巴。

由于常年吸附在别的海洋动物身上,加之溜溜又贪吃,他长得越来越胖,几乎快游不动了。

灯笼鱼好心地劝他:"老弟,再不练游泳技能你都不会游

泳了。"

"用不着,"溜溜得意地拍拍自己的吸盘,"有它就足够啦!"

灯笼鱼叹了口气,没再说什么。

溜溜呢,已经开始策划新的旅行计划了。溜溜这次打算去马尔代夫度假,他左看看右瞧瞧,刚好看见一条大大的虎鲸从他面前游过,溜溜二话不说就吸在了虎鲸的肚子上。

"登陆成功!"溜溜兴奋地大笑。

接下来,溜溜闭上眼睛美美地睡了一觉。等他醒来时,他发现大虎鲸带着他游到了一个黑漆漆的大峡谷里。

只听头顶的大虎鲸慌慌张张地说:"糟啦!我怎么游到这里来啦?"说着,他猛地一转身,翻身向上游去。他的动作那么快、那么猛,一下就把溜溜甩了下来。

溜溜就这样被大虎鲸丢在了黑乎乎的大峡谷里,这里离马尔代夫十万八千里呢,溜溜准备去寻找一个新的"交通工具"。

大峡谷里静悄悄的,溜溜这里瞧瞧那里看看,却找不到什么能载他的大鱼。他等啊等啊,不知道过了多久,啊!那边有八条细细长长的大鱼一起游了过来!溜溜心里一阵激动,等那"八条大鱼"游近了,溜溜才发现,原来那是一条八爪鱼!

溜溜趁八爪鱼不注意,赶紧吸在了他的一条触手上。

八爪鱼的小眼睛发现了溜溜,对着溜溜喷出一股黑黑的墨汁,溜溜尖叫一声,从八爪鱼身上掉了下去。

一旁看热闹的海草乐得咯咯笑:"哈哈,你为什么不摆动尾巴自己游呢?"她问溜溜。

"我……我有个了不起的吸盘,有了它,我根本不需要自己游啊。"溜溜说。

"那你只能永远待在大峡谷了,"海草同情地说,"要知道,大峡谷是'生命禁区',除了那条奇怪的八爪鱼,谁都不肯游到这儿来。"

溜溜这下傻了眼。除了引以为傲的大吸盘,他什么都没有,也什么都不会呀。溜溜在黑漆漆的峡谷里放声大哭起来,直到现在,他还在那儿哭呢。

袋鼠的"袋子"

> 凡人要自立,要自强,要求己莫求人。

袋鼠妈妈有个"育儿袋"。对于袋鼠宝宝来说,那是世界上最温暖的"家"。袋鼠宝宝在育儿袋里可以获得很好的保护。

每当遇到危险,小袋鼠就可以躲进"袋子"里,"袋子"外面的事情他完全不用操心。

然而这样一个安全又可靠的育儿袋,有时可能会成为袋鼠宝宝成长的绊脚石。有的小袋鼠过于依赖袋鼠妈妈,即使长大了,还是会赖在"袋子"里,不肯独自生活。你知道吗?有的小袋鼠自理能力特别差,连走路都不会呢。

亲爱的女孩,过度依赖父母的"袋子",会让我们成为一只不会走路的小袋鼠。

我想问问你,会自己洗衣服吗?会自己收拾房间吗?会做饭吗?遇到困难会自己解决还是什么都求助父母呢?

如果你的回答是"会",那么我要恭喜你,你是一个独立能干的女孩。如果你的回答是"不会",那你有理由为自己担心了,过度依赖父母的后果是可怕的。学会独立,不依赖他人,你才能快快长大,而一个总想依靠别人的人,永远不能强大起来。

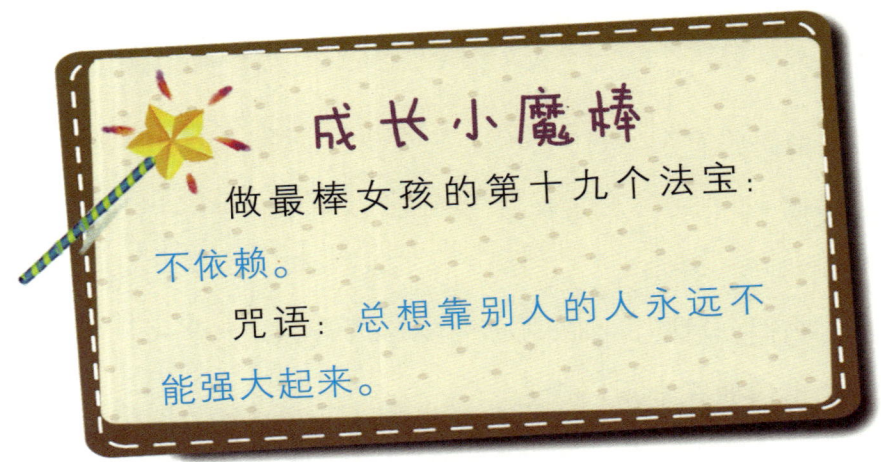

成长小魔棒

做最棒女孩的第十九个法宝:

不依赖。

咒语:总想靠别人的人永远不能强大起来。

真正的公主

小樱非常喜欢安徒生的童话《豌豆公主》。她总是说，只有像豌豆公主一样敏感，才能称得上是真正的公主。

豌豆公主有着娇嫩的皮肤，能感受到几十床被子下的一粒豌豆，小樱也和豌豆公主一样，有一颗非常敏感的心。她有一本日记本，上面记了很多令她伤心的事：

"今天上课林老师点我发言2次，却点了笑笑5次，是不是我哪里让她不高兴，她不喜欢我了？"

"我真难过！笑笑也开始疏远我了，这两天她一下课就去踢毽子，再也不拉着我的手讲悄悄话了。是因为我刚评上中队长，笑笑嫉妒了吗？"

有一天，小樱可真是难过到了极点。

这天一大早，小樱背着书包走进教室，看见笑笑和几个同学围在她的桌子前有说有笑。

"你们在聊什么，聊得这么高兴呀？"

小樱刚凑过去，笑笑她们就像触电一样立马散开，一边摆手一边说："没什么，没什么！"

小樱本来明媚的心情一下子跌落谷底，她看着笑笑她们几个还不时偷瞄自己，心里更不是滋味儿，她们是不是在说她的坏话？

这还没完，第一节语文课，林老师一走进教室，就说明天小樱的座位由第一排调到教室中间。要知道小樱可是全班最矮的女生，她低着头，觉得鼻子很酸，一定是因为上次作文写得不好，老师对她失望了。

心里一直委屈的小樱放学回到家，正想好好跟妈妈倾诉一下，却发现妈妈竟然不在家。水果盘下压着一张字条："亲爱的宝贝，爸爸妈妈出去买点东西，要晚点回来。饭做好了放在桌上。如果到了九点我们还没回来，你就自己先睡哦！爱你的爸爸妈妈。"

看着空荡荡的房间，小樱再也忍不住了，她冲进卧室，扑倒在床上大哭起来。她伤心极了，妈妈一定是给肚子里的小宝宝买东西去了。她一直都知道，有了这个小宝宝，爸爸妈妈就不会像以前那样爱自己了。

小樱哭着在日记中写道："我真是一个不幸的孩子啊，全世界都抛弃了我！现在还会有谁记得，明天是我的生日呢？"这一天，小樱是哭着入睡的。

第二天，小樱来到教室，发现教室竟然被布置得五彩缤纷，像是过节一样。这时，笑笑和几个同学拿着生日帽和披肩迎上来，笑嘻嘻地拉着小樱打扮。小樱这才明白，原来大家是在为

她办生日派对呀!

第一节语文课,林老师让小樱站起来,全班同学都转向她,把她簇拥在中间,笑呵呵地大声唱起了生日歌,在歌声中,爸爸妈妈拿着生日蛋糕走进来。

真是梦幻的一天!小樱就像一个被全世界爱着的小公主,幸福极了。

晚上,小樱翻看日记本,发现本子上面常常洒满泪水,还记录了很多不开心的小事,那些事现在看来是多么可笑呀!小樱提笔在日记本上写下这样的话:"真正的公主才不会像豌豆公主那样过度敏感。"

在小樱十岁生日这一天,她是笑着进入梦乡的。

钻石心

希望你有一颗璀璨的钻石心,而不是易碎的玻璃心。

据科学家研究,敏感的人,智商会更高一些。看来敏感不是一件坏事,它是上天送给人们的一件礼物,它能让人脱离粗俗和麻木,变得细心,情感丰富,更能细致地感受并体味这个世界。

但是,有着一颗细腻敏感的心,小樱为什么越来越不开心了呢?你一定发现了这个秘密——因为小樱过度敏感了,也就是人们常常说的,她有一颗"玻璃心"。

你有过这样的经历吗?

很容易被外界影响,别人一句无心的话,或者不经意的眼神,能让你放在心里想很久很久;

很在意他人对自己的看法,

如果发现对方不高兴了,自己就会变得惴惴不安;

情绪波动很大,心情本来明媚得像初夏的天空一样晴朗,可不一会儿,就低落得像是布满了乌云。

……

如果你常常胡思乱想,觉得心情低落,那么你就是过于敏感了,被生活中一些无意义的琐事遮住了双眼。这时,你可以对自己说,没什么大不了,去做点有意思的事情吧!

亲爱的女孩,希望你有一颗玲珑剔透、水晶般的心,但不要是易碎的玻璃心哦,而是一颗璀璨的钻石心!

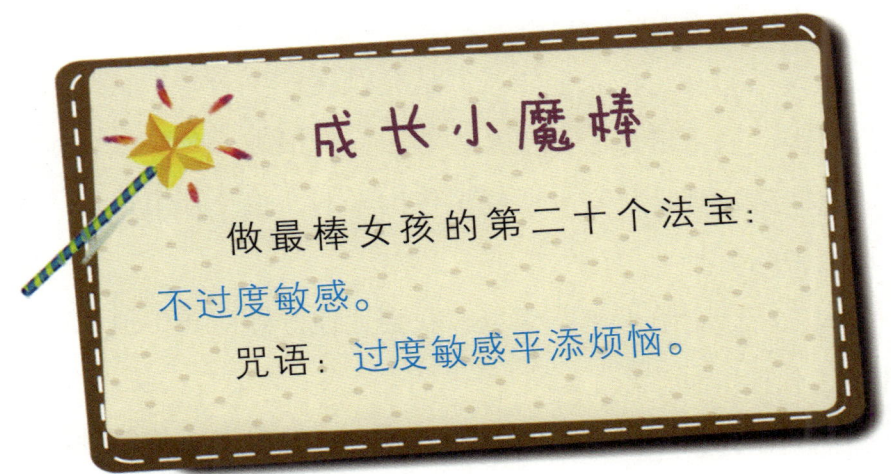

成长小魔棒

做最棒女孩的第二十个法宝:

不过度敏感。

咒语:过度敏感平添烦恼。

大嘴巴

最近,许多大臣跑来向国王诉苦,让国王为他们主持公道。

他们哭诉道:"文大臣真是太过分了,他竟然到处向人宣扬臣等的家丑!"

原来,国王宠信的文大臣,是一个喜欢到处说闲话的大嘴巴。听听他说的闲话:

武大臣见了妻子,就像老鼠见了猫一样;

尚大臣的女儿相貌上佳,但是有狐臭;

农大臣的岳母是个母夜叉,邻居们都怕她……

这些闲话都是从文大臣嘴里传出来的,也不知道他是从哪里打探来的。

国王听后哈哈大笑,说:"我会让他好好向各位道歉的,你们就不要和他计较了。"

毕竟,文大臣可是个难得的人才,上知天文,下知地理,对国家做了不少贡献。在国王眼里,大嘴巴可不就是无伤大雅的小毛病吗?

文大臣果然恭恭敬敬地到各位大臣家里道歉了,可没过两

天,他的老毛病就又犯了。"兵大臣是个酒鬼,喝多了会在家里撒酒疯。""工大臣的儿子因为输了钱,和别人打起来了。""果大臣是个抠门的铁公鸡,总是找各种借口克扣仆人们的钱……"

大臣们苦不堪言,又拿他没有办法。

一天,国王突然听见有人小声地议论:"听说,国王镶了四颗假牙,因为小时候爱吃糖得了蛀牙!"

国王一听,气得胡子都翘了起来。这可是他的小秘密,这些人到底从哪里听来的?

突然,他的脑海里划过一个名字。

除了从小侍候他的仆人,这件事只有几个大臣知道,其中就有文大臣!

国王心里认定是文大臣说出去的。他现在后悔极了，早知道文大臣管不住自己的嘴，大臣们来告状的时候，他就应该狠狠地惩罚他，可现在说什么也来不及了。

他召来文大臣，狠狠地批评了他一顿。

文大臣目瞪口呆，急忙发誓，这件事情他从来没有告诉过第二个人。

可惜，国王并不相信他的说辞，他决定把文大臣打发到远离王都的小地方去当差，并对文大臣说："把你放在身边真是太危险了，我可不想让自己的小秘密弄得天下皆知。如果你改不掉这个毛病，就在那里待一辈子好了！"

文大臣觉得很冤枉，这件事真的不是他传出去的啊！然而，知道这件事情的人不多，但其中只有他总是管不住自己的嘴。

文大臣离开王都的那天，许多大臣都幸灾乐祸地跑来看笑话，指指点点道："看看你的大嘴巴，终于让你尝到苦头了吧！"文大臣心里感到很凄凉，一同共事十几年，竟然没有交到一个知心的朋友！

这又能怪得了谁呢？还不是他的大嘴巴害苦了他！

文大臣深刻意识到了自己的错误，从此努力改正自己的毛病。

几年过去了，博学的文大臣做成了许多大事，改掉坏习惯的他终于被国王召回王都，成为一个人人敬仰的大臣。

晋升的机会

"说闲话"会失去别人的信任和友谊。

有两个年轻人小甲和小乙是同一家公司的同事,他们同期进入公司,年纪相当,还分到了同一个小组。

有一次,领导想要提拔他们当中的一人当组长,他将决定权交给了组里的每一名成员。

小甲听说了这个消息,心里乐开了花。他认为自己的实力比小乙强,这次的竞争一定是稳操胜券了!

谁知投票的结果却大大出乎他的意料。全组12名成员,只有一票推选他为组长。那一票不用说,就是他投给自己的。

原来呀,小甲有一个"要命"的坏习惯,就是喜欢说别人的闲话。

他早已在不知不觉间将组里的成员得罪光了,谁也不愿意将自己那宝贵的一票投给他。

亲爱的女孩,"说闲话"真是一个很严重的坏毛病,它不但会伤害到其他人,还会让你失去朋友们的信任和友谊,就像文大臣和小甲一样,他们都因为这个毛病而交不到朋友。

如果你有这个坏毛病,可一定要改掉呀!否则,像文大臣一样有大本领的人,也得不到人们的尊敬。

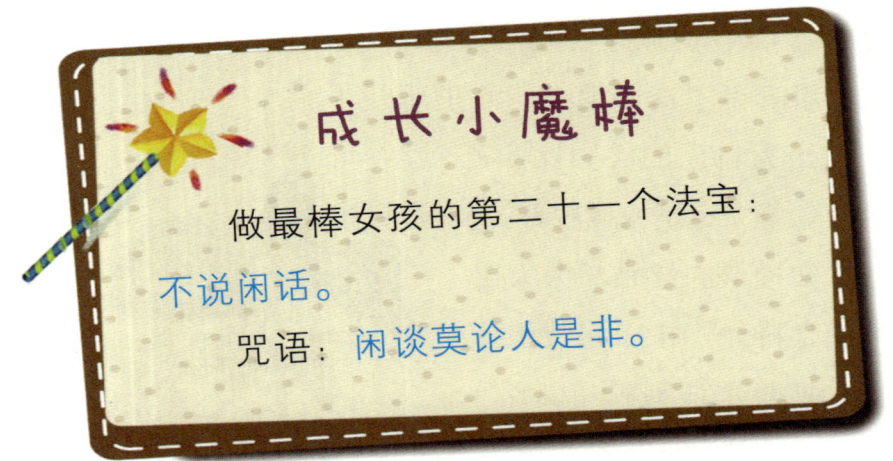

成长小魔棒

做最棒女孩的第二十一个法宝:

不说闲话。

咒语:闲谈莫论人是非。

锯齿舌头

有一个可怜的小姑娘萌萌,她天生不会说话,一些坏孩子总是欺负她,管她叫"哑巴萌"。萌萌很伤心,常常躲在被子里哭泣,她向天神祈祷,请求天神让她也能像其他孩子一样正常地说话。

一天清晨,萌萌发现自己的书桌上竟然停着一只鸟儿,只听见小鸟说道:"萌萌,我可以帮你学会说话。这里有两条舌头:一条锯齿舌头,说出来的话就像锯齿一样锋利;一条蜜糖舌头,说出来的话就像蜜糖一样甜蜜。你想要哪一条?"

萌萌又惊又喜,心想:"一定是我的祷告灵验了!我该选哪一条舌头呢?对了,还是锯齿舌头好,我要让那些坏孩子尝尝我的厉害!"

"我要一条锯齿舌头!"萌萌很快便做出了决定。

拥有了锯齿舌头的萌萌高兴得手舞足蹈。"爸爸妈妈!"她大声喊着冲出房间。全家人都惊呆了,萌萌会说话啦!

爸爸妈妈激动得眼泛泪光,萌萌也高兴得不知如何是好,张嘴却说了一句:"行了,这么大的人还流泪,真丢人!走开,我要去学校啦!"

上学的路上,萌萌走得轻快极了,还不由自主地哼起了歌。这时,萌萌看见自己的好朋友小叶子走了过来,于是赶紧上前,向她报告好消息:"小叶子,我会说话啦!怎么样,我的声音很好听吧?哪像你呀,一个破嗓子,竟然还想当歌唱家,哈哈哈,真是笑死人了!"

小叶子的眼睛瞪得又大又圆,既为萌萌高兴,又被萌萌这话伤了心。

数学课上,同桌王大胖找萌萌借橡皮擦,萌萌哼了一声:"不借。没钱就在家待着,别跑到学校来丢人现眼,连块橡皮

都没有！"

王大胖听了这话，气得脸都绿了。

放学的路上，萌萌又遇到了那群坏孩子。他们一看见萌萌，就和往常一样，拍着手大叫："哑巴萌！哑巴萌！"

萌萌站住脚，瞪着他们："看看你们那样儿！你的脑袋跟个洋葱似的！还有你，胖得像个球！你瘦得像根竹竿儿！你一脸麻子！难看死了！我要是长你们这样儿，都没脸出门！"

坏孩子们你看看我，我看看你，都愣住了。

从此，没有人敢欺负萌萌了，也没有人搭理萌萌了。大家都躲得远远的，不愿意靠近她。人们都说，会说话的萌萌太刻薄了，从来不考虑别人的感受，她的话比刀子还伤人。爸爸妈妈也常常被她气得说不出话来，不停地唉声叹气。

萌萌越来越孤独，没有人愿意跟她玩儿，也没有人跟她说话。"虽然我现在能说话了，可有什么用呢？"她伤心极了，痛哭起来。

"萌萌！萌萌！"妈妈摇醒了哭泣着的萌萌。萌萌望了望四周，张了张嘴，原来自己做了一个梦！

"萌萌，上次的诊断结果出来了，只要再做一个小手术，你就可以说话了！"妈妈激动地跟萌萌说。

萌萌也特别高兴，她心里想着，这次我可不要什么锯齿舌头，我要一条蜜糖舌头！

相由心生

一颗刻薄的心，是一颗不快乐的心。

尖嘴薄舌、尖酸刻薄……看到这些词语，你的眼前是不是会浮现出这样一个形象：一个嗓音尖厉的女人，颧骨高高耸起，嘴巴总是瘪着，眼睛总是瞪着，嘴里不停吐出一串又一串刻薄的伤人话……真是想想就吓人。

中国有句古语："相由心生。"意思是，你有一颗怎样的心，就会有一副怎样的容貌。如果一个人的心里装满了美好、快乐的念头，他的脸上就会焕发出迷人的光彩；可如果他的心里总是装着不满、挑剔甚至厌恨，他的脸也就会渐渐阴沉、扭曲。

所以，那些刻薄的人，久而久之，就会长出一张刻薄的脸。

一颗刻薄的心，不懂

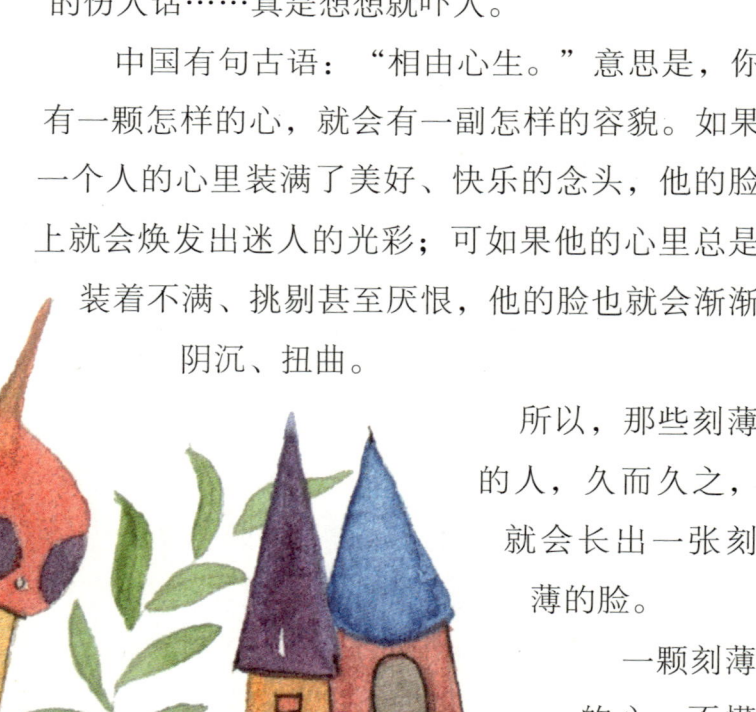

得欣赏和包容,这样的心,就是一颗不快乐的心。自己不快乐,也让别人不快乐。

亲爱的女孩,你想有一颗怎样的心呢?你想有一副怎样的面孔呢?

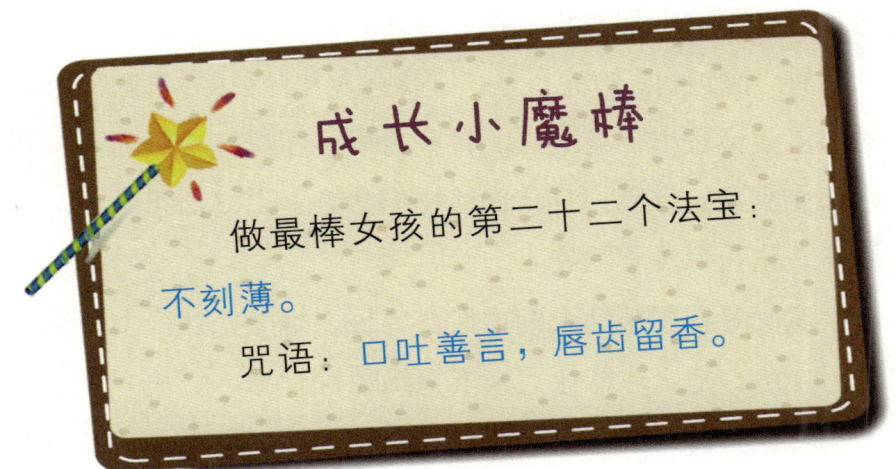

成长小魔棒

做最棒女孩的第二十二个法宝:

不刻薄。

咒语:口吐善言,唇齿留香。

乌云棉花糖

在遥远的天山脚下，有一个库拉拉小镇。镇上出现了一种稀奇的"抱怨病"，爸爸们抱怨工作太累，妈妈们抱怨家务太多，孩子们抱怨学校的课业太难，就连宠物们都抱怨主人没时间陪自己。人们你抱怨我，我抱怨你，仿佛对一切都不满意。

这种"抱怨病"的症状是：只要有人开口说一句抱怨的话，他的脸上就会长出一条皱纹。日积月累，库拉拉小镇的居民和宠物都变成了皱纹脸，甚至连植物们都染上了"抱怨病"，叶子枯萎，花儿耷拉着脑袋。

小魔女月音想帮助人们重新变年轻，她坐在秋千上荡来荡去地想办法：怎么才能让大家不抱怨呢？

这时，月音看到一个小女孩在吃棉花糖，她突然有了一个好主意。"如果我把大家的烦恼变得像棉花糖一样甜蜜，就没有人抱怨了吧？"她自言自语道。

月音立马骑上扫帚，碰碰脚跟飞到库拉拉小镇上空。她拿出随身携带的超级吸吸瓶，挥着魔棒念起咒语："一口一口，吃掉忧愁！"一会儿，吸吸瓶就吸满了各种各样的烦恼。她快

速盖好瓶盖,飞到魔法实验室把人们的烦恼融化到砂糖中:

"烦恼烦恼缠线团,乌云乌云变出来。"一朵又一朵的乌云棉花糖做好啦。

第二天,小魔女月音在最热闹的美食街上搭了一个摊位,她吆喝道:"快来看,快来尝哟,吃完乌云棉花糖,心情就

会变美丽哟！"

　　一位满脸皱纹的老奶奶吃完乌云棉花糖，她长长地舒了一口气，心里敞亮多了。"真是谢谢你！现在，我觉得心里乌云一样的烦恼都变得像棉花糖一样甜蜜了！"说完，她脸上的皱纹就少了几条。

　　乌云棉花糖的功效一传十，十传百，立马成了这个夏季最火爆的甜品。库拉拉小镇的居民纷纷排队来买乌云棉花糖。

　　一位皱纹最多的爷爷吃完乌云棉花糖就像完全变了一个人似的。以前，他天天抱怨，对什么都不满意，认为自己是世界上最倒霉的人。现在，大家都快不认识他了，他开了一家烦恼诊所，天天开动脑筋化解大家的烦恼。还有一个神奇的变化呢，老爷爷脸上的皱纹都消失了，变成了一个年轻的小伙子！

　　后来，库拉拉小镇的"抱怨病"彻底消失了，人们脸上的皱纹也渐渐消失，重新恢复了年轻容貌。

　　现在，小魔女月音已经不用做乌云棉花糖来帮助大家了，因为大家的心里阳光明媚，早已搜集不到"乌云"啦！

不抱怨的你

我们改变不了烦恼,但可以改变面对烦恼的心情。

亲爱的女孩,你心里有没有像乌云一样的烦恼呢?如果有的话,你是不停地抱怨,还是思考化解烦恼的方法呢?

我想给你讲个小故事。一个小孩子帮妈妈整理酿酒用的空瓶子,每天早上,他用抹布将一个个瓶子擦拭干净,然后一排排整齐地摆放好。

可是令他生气的是,往往一夜之间,风就把他排列整齐的瓶子吹得东倒西歪。小男孩想啊想,终于想到了一个好办法,他挑来一桶清水,把水倒进那些空瓶子里。第二天一大早,小男孩就匆匆爬了起来,他跑到放瓶子的地方一看,太好了,那些瓶子排列得整整齐齐的,没有一个被风吹倒或吹歪。

我们改变不了风,也改变不了生活中遇到的烦恼,但我们可以改变自己面对烦恼的心情,我们可以选择不抱怨,并且想办法解决问题。

也许你会抱怨作业太多,没有时间休息,可是,同桌已经抓紧时间把作业做完,腾出时间做自己想做的事了;也许你会抱怨老师批卷太严格,分数太低,可是,同桌却在认真分析错题，为下一次的考试做充分的准备了。

　　亲爱的女孩，当你抱怨的时候，请问一问自己，有没有解决办法呢？多抱怨一天，就少一天幸福。不如将那些让你烦恼的"乌云"变成好吃的"乌云棉花糖"，换个心情面对生活。乌云消散，阳光灿烂，一切都美极了。

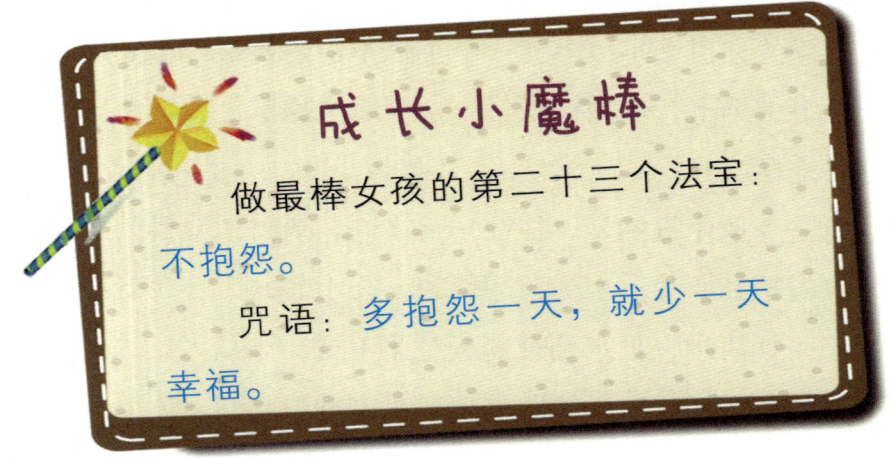

成长小魔棒

做最棒女孩的第二十三个法宝：不抱怨。

咒语：多抱怨一天，就少一天幸福。

玉里衔绿

老王的豆腐店隔壁是老李的首饰店,老王的豆腐是城里做得最好的,老李的首饰是城里最精致的。

两家各有一个女儿,老王家的女儿叫白玉,老李家的女儿叫滴翠。白玉长得文静清秀,滴翠生得明艳动人,二人各有韵致,人称"白玉豆腐,滴翠珠宝"。

白玉和滴翠也是从小一起玩到大的,小时候她俩形影不离,没想到长大后却生了嫌隙。

女孩子长大后便有了小心思。白玉总觉得自己比不上滴翠,自家的宅院没有滴翠家的气派,自家的钱财比不上滴翠家多,就连自己的长相也差滴翠一大截儿。比来比去,白玉总觉得自己哪里都不好。

滴翠觉察到了白玉的心思,她送给白玉一只镶着祖母绿的玉镯子,握着白玉的手说道:"玉里衔绿。你是白玉,我是绿石,我们永远都是好姐妹。"

白玉把玉镯子戴在手腕上,却曲解了滴翠话里的深意。

"哼!说我是白玉,你自己是祖母绿,谁不知道白玉比祖母绿逊色多了！你这明摆着是在说我不如你嘛！"白玉心想。

一年一度的庙会快到了，那是一年里最热闹的日子。庙会上会选出一名十六岁的少女作为"好运娘子"，由八人抬着轿子，绕城一圈，图个福运。对姑娘们来说，这可是莫大的幸运啊！

白玉和滴翠今年恰好都满十六岁。白玉做梦都想当"好运娘子"，离庙会还有一个月，她就求着父亲给自己买碧霞烟罗衫。

碧霞烟罗衫是今年新出的款式，衣服美是美，就是价格贵得离谱，就连滴翠也舍不得买呢。白玉觉得，自己若是穿上这条裙子，一定能把滴翠比下去。

听女儿说要买这条裙子，老王面露难色，他卖三个月的豆腐钱都不够买这条裙子。白玉看父亲不肯，便大哭起来，哭得撕心裂肺！

老王看不得女儿伤心，咬了咬牙，每天只睡三个小时，早起晚睡做豆腐，终于攒够了买裙子的钱。白玉欢天喜地地穿上碧霞烟罗衫，在铜镜前转来转去。

而滴翠却看得很淡，她几乎没有准备。庙会的日子近了，她才去裁缝店做了件衣服。

春暖花开日，庙会开始时。傍晚时分，湖边的柳树上挂着一盏盏小灯笼，湖里漂浮着无数的荷花灯，年轻姑娘们的笑声如银铃般清脆悦耳，在晚风里飘得很远很远……

　　白玉穿着碧霞烟罗衫，在柳树下和几个姑娘聊天。其中一个姑娘看着白玉，羡慕地说："你穿上这裙子真好看，'好运娘子'一定非你莫属！"

　　"那可不是嘛，这裙子花了大价钱呢！"白玉得意地说。

　　一位路过的姑娘听到了这对话，不屑道："你穿什么裙子都比不上滴翠，她可是公认的第一美女！"

　　白玉气得发抖，把手腕上滴翠送的玉镯子摔在地上，"啪"的一下，玉镯子断成了两截。

　　突然，一个少年的身影闪了过来，他捡起玉镯子揣在怀里。白玉觉得奇怪，一把抓住少年，少年回过头，白玉惊得下巴都快掉了——少年竟是女扮男装的滴翠!

白玉突然明白了滴翠的用意。原来,滴翠从来都没想过和自己比什么呀!滴翠今天扮了男装,等于自动放弃了参选"好运娘子"的资格。

想到这里,白玉感到羞愧极了。之前她老是和滴翠比来比去,还"打肿脸充胖子",去买本来买不起的东西,那花的可是爹爹的血汗钱啊!

白玉紧紧抱了滴翠一下,然后飞快地跑到了裁缝店,退掉了碧霞烟罗裙。她换上自己平时穿的朴素裙子,拿着退回的银子,开开心心地交到了爹爹手上。

今年的"好运娘子"不是白玉,也不是滴翠,可是她们却是最开心的人。白玉还将那摔断的玉镯子补好了,像新的一般。

拒绝攀比

> 要比就比内在，内在才是真正重要的东西。

我上中学时，班里有一个"小酷哥"，他染着红色的头发，脚蹬限量版名牌运动鞋，口头禅是"酷毙了"。

他的衣服像穿不完似的，什么流行穿什么。他花起钱来大手大脚，十分大方。

我以为他家里一定很有钱，直到有一次，我有事去找班主任，班主任正和一位家长聊天，那家长看起来苍老疲惫，衣服洗得发白，皮鞋裂了一个大口子。

只听家长说道："唉，我那孩子不争气，心思不放在学习上，跟我说班里的同学都穿名牌，让我也给他买，买就买吧，谁知他成绩越来越差……"

后来我才知道，那位家长就是"小酷哥"的父亲，他是个矿工，每天辛辛苦苦挣钱，希望儿子有出息。却不承想，儿子的心思都花在攀比上，真让人寒心啊！

攀比真是个大恶魔，让人的目光变得狭隘，忽略真正有价值的事情。"小酷哥"本该刻苦学习，可他把心思都花在虚浮的外表上，忽略了内在。

亲爱的女孩,和别人去比谁的衣服漂亮,谁的外表靓丽,这都是些无关紧要的事,要比就比内在,内在才是真正重要的东西。

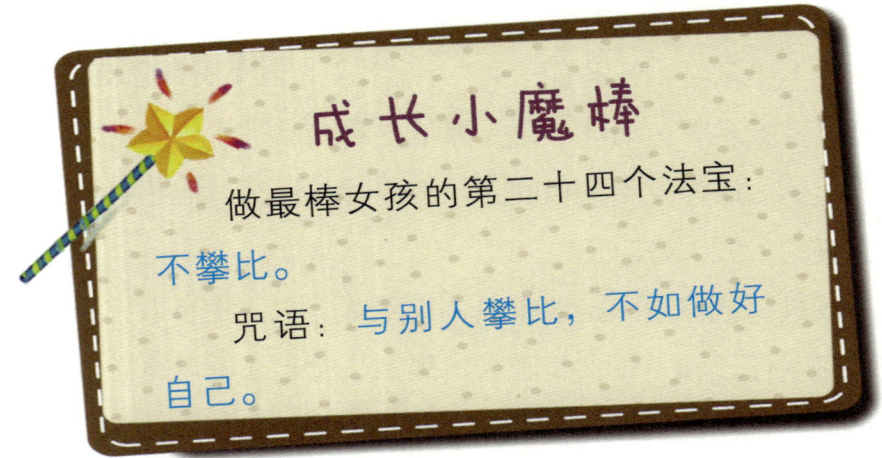

成长小魔棒

做最棒女孩的第二十四个法宝:不攀比。

咒语:与别人攀比,不如做好自己。

童话城堡里的小山羊

从前,有一个小女孩,她画了一幅很美的画。画面上有一座宏伟壮观的童话城堡,里面住着各种动物。动物们一到晚上全都眨巴眨巴眼睛活了过来,他们在童话城堡里玩耍着,可开心了。

这一天,女孩儿画了一只小山羊。小山羊瞪大眼睛看着周围的一切,草芽儿嫩嫩的,随风散发出青草的清香。天空蓝得像一汪大海,几朵像棉花糖一样的白云飘在天上。小山羊好喜欢这里呀!

"喂!新来的,你在干什么?"突然,一个阴阳怪气的声音传来。

胆小的小山羊被吓到了,他回过头,发现和自己说话的是一只挥着爪子的红狐狸。

狐狸的眼珠子滴溜溜地转,盯着瘦弱的小山羊问道:"你带什么好东西了?让我看看!"

说完,狐狸一把抢过小山羊的书包,乱翻起来。小山羊想把包抢回来,却被推倒在草坪上。

"哟！还敢和我抢！小心我吃了你！"狐狸龇牙咧嘴地威胁道，眼里闪着凶狠的光。

小山羊吓得撒腿就跑，路上遇到了一个魔法师。小山羊向魔法师讲了自己的遭遇，魔法师递给小山羊一颗种子。

"这是真话豆，你会用得到的。"魔法师说。

小山羊种下了种子，每天给它浇水，陪它说话。日子一天天过去，种子发了芽，开出了一朵笑脸般的花，最后结了一颗"真话豆"！

狐狸总会时不时地出现，抢小山羊的东西，让小山羊洗臭袜子，不开心就打小山羊出气……

童话城堡要推选堡长了！大家看到狐狸在小山羊家进进出

出，都以为狐狸对新邻居热心又友好，便纷纷推选狐狸做堡主候选人。

狐狸对小山羊说："小家伙！明天堡长换届仪式上，你要上台给我拉票。如果我当不上堡长，就拔了你的花！"

小山羊想起自己受到的屈辱，想到在自己的辛苦呵护下好不容易长大的花，他鼓起勇气决定反抗。于是，小山羊摘下了那颗"真话豆"混在了豆豆糖里。

第二天，狐狸又来了，他抢了小山羊的豆豆糖后，看也没看就一口吞下了。狐狸站在演讲台上，虚伪地说："各位邻居大家好！我是小山羊的好朋友，我每天去小山羊家，帮他做饭洗衣服……"

突然，狐狸觉得自己的舌头不听使唤了，他接着说道："那个讨厌的小家伙，我让他洗我的臭袜子，不给他饭吃！还常常把他打得鼻青脸肿！哈哈哈，那个胆小鬼都不敢说话！"

狐狸一不小心说出了自己的恶行，台下的动物们都开始窃窃私语。

小山羊跳上了演讲台，把狐狸所有的恶行都讲了出来。

台下的动物们纷纷向狐狸扔烂白菜、臭鸡蛋，狐狸变得脏兮兮的，难看极了！

狐狸被大家赶出了童话城堡。

一天，小女孩发现画上有一只脏狐狸，难看极了！她拿起橡皮擦擦掉了狐狸。于是，狐狸永远消失了。

不会飞的鹦鹉

面对暴力和威胁,我们要勇敢面对,不要逃避。

在遥远的新西兰,有一种天生不会飞的鹦鹉,人们称它们为"鸮鹦鹉"。它们长着肥硕、庞大的身体,走起路来一摇一摆。鸮鹦鹉天生缺乏警觉性,又不会飞,总是在睡觉的时候从树上掉下来,很容易被人发现。

最惨的是,被人发现的时候,鸮鹦鹉总会吓得一动不动。它的身体会变得僵硬不堪,不懂反抗,也不知道逃跑,只能等着被抓!

由于鸮鹦鹉不会反抗,遇到危险时不懂得逃跑、自我解救,所以这种鹦鹉的数量越来越少,整个地球只剩几十只了!

危险往往无处不在,当我们面临威胁时,如果像鸮鹦鹉那样不懂逃跑,不懂自我解救,只能任人宰割的话,该是多么恐怖的一件事啊!

亲爱的女孩,面对暴力和威胁,请试着勇敢面对,不要逃避,不要惧怕,像小山羊一样,在保证自己安全的情况下,机智地应对一切,勇敢地向周围的人寻求帮助。

虽然你现在还小,但总有一天会长大,成为一个勇敢的人。

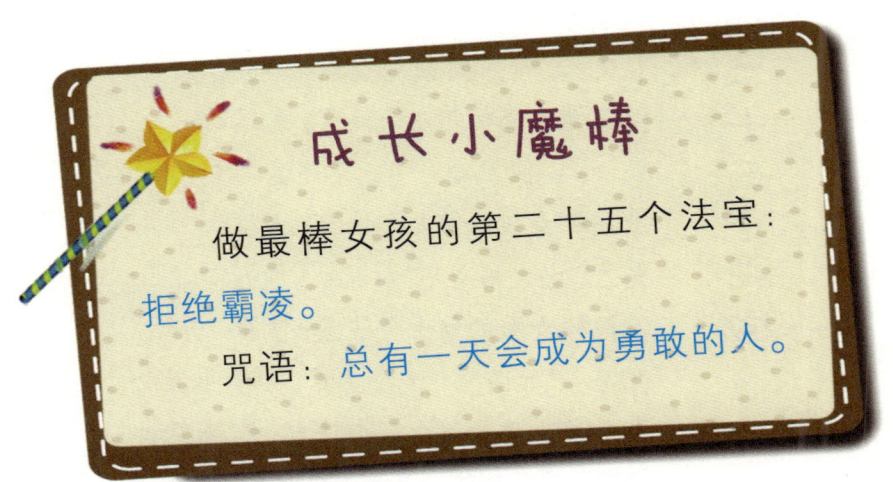

成长小魔棒

做最棒女孩的第二十五个法宝:

拒绝霸凌。

咒语:总有一天会成为勇敢的人。

附录 做最棒女孩的二十五个法宝

做最棒女孩的第一个法宝：举止优雅。

咒语：举止是一种最高雅的艺术。

做最棒女孩的第二个法宝：有礼貌。

咒语：发自内心的话，更能深入人心。

做最棒女孩的第三个法宝：好脾气。

咒语：好脾气宛如晴天，到处放着光亮。

做最棒女孩的第四个法宝：注意仪表。

咒语：形象决定了别人对你的第一印象。

做最棒女孩的第五个法宝：精致生活。

咒语：精致的人，灵魂会散发出香气。

做最棒女孩的第六个法宝：会做饭。

咒语：美味的食物可以温暖心灵。

做最棒女孩的第七个法宝：会整理。

咒语：整理房间就是整理人生。

做最棒女孩的第八个法宝：爱运动。

咒语：人像机器一样，经常运动才不会生锈。

做最棒女孩的第九个法宝：大度。

咒语：比大海更广阔的是人的胸襟。

做最棒女孩的第十个法宝：懂得"听话"。

咒语："听话"不是没主见，要懂得其背后的良苦用心。

做最棒女孩的第十一个法宝：脚踏实地。

咒语：千里之行，始于足下。

做最棒女孩的第十二个法宝：保持主见。

咒语：不要让你的脑子变成别人的跑马场。

做最棒女孩的第十三个法宝：理性热爱。

咒语：不要陷入盲目的崇拜。

做最棒女孩的第十四个法宝：不盲从。

咒语：适合自己的才是最好的。

做最棒女孩的第十五个法宝：不乱花钱。

咒语：一分一角，当思来之不易。

做最棒女孩的第十六个法宝：不挑食。

咒语：一株玫瑰需要足够的营养才会绽放。

做最棒女孩的第十七个法宝：少吃零食。

咒语：自律，从管住自己的嘴巴做起。

做最棒女孩的第十八个法宝：不贪小便宜。

咒语：捡了芝麻，丢了西瓜。

做最棒女孩的第十九个法宝：不依赖。

咒语：总想靠别人的人永远不能强大起来。

做最棒女孩的第二十个法宝：不过度敏感。

咒语：过度敏感平添烦恼。

做最棒女孩的第二十一个法宝：不说闲话。

咒语：闲谈莫论人是非。

做最棒女孩的第二十二个法宝：不刻薄。

咒语：口吐善言，唇齿留香。

做最棒女孩的第二十三个法宝：不抱怨。

咒语：多抱怨一天，就少一天幸福。

做最棒女孩的第二十四个法宝：不攀比。

咒语：与别人攀比，不如做好自己。

做最棒女孩的第二十五个法宝：拒绝霸凌。

咒语：总有一天会成为勇敢的人。

童话女皇 晓玲叮当作品

《淘皮鼠系列童话故事》

《淘皮鼠逆商系列玩具书》

《藏在成语里的历史故事》

《非常成长书》

《小飞仙美德图画书》

《奇幻仙踪》

图书在版编目(CIP)数据

优雅是这样炼成的 / 晓玲叮当编著. — 广州：新世纪出版社, 2023.12
（非常成长书：女孩版）
ISBN 978-7-5583-2652-3

Ⅰ.①优… Ⅱ.①晓… Ⅲ.①心理健康－健康教育－少儿读物 Ⅳ.①G444-49

中国版本图书馆CIP数据核字(2020)第236269号

优雅是这样炼成的
YOUYA SHI ZHEYANG LIANCHENG DE

著　　者：晓玲叮当
出 版 人：陈少波
责任编辑：刘梦瑶
责任校对：毛　娟
责任技编：王　维

出版发行：新世纪出版社
　　　　　（广州市越秀区大沙头四马路12号2号楼）
经　　销：全国新华书店
印　　刷：雅迪云印（天津）科技有限公司
规　　格：710mm×1000mm　　开　本：16开
印　　张：9　　　　　　　　　字　数：90千字
版　　次：2023年12月第1版　　印　次：2023年12月第1次印刷
定　　价：35.00元

质量监督电话：020-83797655　　购书咨询电话：020-83781537
版权所有，侵权必究
如发现印装质量问题，请寄回本社图书发行公司调换，服务热线：0791-86512056